路上のエスノグラフィ

ちんどん屋からグラフィティまで

吉見俊哉・北田暁大編

せりか書房

路上のエスノグラフィ

目次

コラム一覧

路上のエスノグラフィ——ちんどん屋からグラフィティまで

序章
メディアと都市の交わるところ

1 「路上」の想像力

かつて編者のひとりが住んでいた千葉県柏市は、一九九〇年代末ごろから「若者の街」として注目を集めてきた郊外都市である。関東圏の郊外都市を環状に走る国道一六号線と東京と北関東を結ぶ国道六号線の主要な結節点であり、郊外型の大規模量販店、新旧のアッパーミドルな住宅街が立ち並ぶ、ある意味で典型的な郊外都市であったが、わたしたちが「郊外」という言葉から連想するイメージとは少し異なる相貌をみせていた。

たしかに昼間は、一戸建ての住宅が立ち並ぶ住居地域から幸せそうな家族たちの声が響き、学校を終えた中学生、高校生たちが駅前の商店街を楽しそうに「消費」している。しかし、住宅街にポツポツと灯りがともる頃になると、東口の駅前広場に、数人のファンに囲まれたストリート・ミュージシャンたちが現れ始める。年齢はだいたい高校生から大学生ぐらいで、かれらのパフォーマンスを真剣に見入っている観客もまた同じような世代であった。いかにもギターを始めたばかりといった感じの稚拙な人もいれば、プロへの階梯の一つとして路上での演奏を位置づけているようなセミプロもいる。さまざまな欲望と希望を抱えながら路上を自らの舞台に仕立て上げる若者たち、かれらの発する音（楽）は、帰宅するサラリーマンたちが通過する夕方の東口広場のＢＧＭとなっていた。

閉店時間を迎え買い物客の姿が商店街にみられなくなる頃になると、広場のミュージシャンたちは楽器をケースにしまい帰途へつく。それとほぼ同じ頃あいに商店街に姿を現すのが、ヒップホップ系の衣装をまとったスケートボーダーたちだ。田中研之輔がエスノグラフィックな記述で示した土浦市のスケートボーダーたちと同様、かれらは閉店したスーパーの前のちょっとしたスペースを自分たちの舞台へと仕立てあげ、帰宅の途につく大人たちを横目に練習に励む（田中 2004）。スーパー入り口の階段や、建物や道路の段差、街路面の凸凹――これらはすべてスケートボーダーたちの舞台装置である。

ボードをやらない人間にとっては何の変哲もないただの夜の商店街も彼らにかかると、微細な細工が刻み込まれた舞台空間となる。都市空間の一部を一時的にジャックし、既存の空間についての意味づけ（機能）をたくみに読み替えて、自分たちの身体的パフォーマンスを現前させるシーンとして再構成していく。イアン・ボーデンが言うように（Borden 2001=2006:331）、スケートボーディングとは、スケートボードをメディアとして、「時間と空間の流用」を目指す実践なのだ。

スケートボーダーたちが、シャッターを閉じた商店街を「流用」している頃、ストリート・ミュージシャンが立ち去った駅前広場では、所在なさげな若者たちがいくつかのグループに分かれて、路上に座り込んでいる。何かを一緒にやることが目的なのではなく、ただ集まってまったりとした時間をやり過ごす。自分たちの横をサラリーマンが通り過ぎても、目を向けることはない。かれらの振舞いを「公的な都市空間を私的なものにしている」として批判する人もいるだろう。しかし、夜の駅前広場で醸成されているコミュニケーション、しばしばケータイなどのメディアを介在させて形成される他者との協同の「場」は、「私化」という言葉で括りきれるようなものではあるまい。かれらもまた、都市空間を自分たちの流儀で再解釈――意図的なものではないだろうが――している。「家」でも「学校」でも「ファミレス」でもない夜の駅前広場に、かれらはいったい何を見出しているのであろうか。

夜の都市空間ばかりではない。近年柏では、「ウラカシ」と呼ばれる「ストリート」が形成されている。あるサイト（http://www.86kashiwa.net/wai2/fushigi/fushigi_12.html）によると、ウラカシとは、駅を起点として「西は国道六号線、東は柏郵便局（本局）通りあたりまで」に散在する若者向けの雑貨、衣服ショップ群のことで、ここ数年じわじわと存在感を上昇させている。チェーン系のショップが目立つメインの商店街から離れたバックストリートに古着屋や雑貨店が立ち並び、その店先は、若者たちのちょっとしたコミュニケーション空間となっている。行政や資本といった大文字の主体によって「設計」された都市空間の外部、都市の「たゆみ」とでもいうべき場所に若者たちは集い、空間を再構成／領有していく。ここにもまた、家でも学校でもないところに独特の居場所を発見・創造する「都市への想像力」を見出すことができるだろう。

「路上」のダイナミズム、都市空間の意味と機能を読み替える実践――ミシェル・ド・セルトーの言葉でいえば「空間の実践」――の動態は、もちろん、柏のような「都会」にのみ見られるものではない。渋谷、池袋といった大都市や、町田や立川のような郊外都市のみならず、あらゆる「田舎」と呼ばれるような地域でも、「路上的なもの」は存在しているはずである。「路上」のダイナミズムは、それが、個々の主体による空間の（再）解釈、領有の営みである以上、客観的に観察できるようなものではなく、都市に内在し身体的に空間へと投企するなかで感じとられるようなものだからだ。

だから「家」や「学校」、「会社」といった目的に彩られた空間に収まりきらない過剰さを抱えた路上は、たんなる都市の余剰・残余ではない。それは、「誰にも開かれている」という開放性をその特性とし、そうした非‐排除性ゆえに、さまざまな価値を受け容れ、その混在をゆるす異種混淆的《ヘテロジニアス》な空間」（齊藤2005:129）としての都市の、いわば本質を体現したものといえるだろう。

路上を目的に沿った移動（通学や通勤など）の通過点としてのみ受け取るとき、わたしたちは、路上のダイナミズムを不可視化する強固なコードに囚われてしまっている。そのコードを解除し、都市への想像力を賦活させていくためにこそ、わたしたちは路上の実践――身体を用いたパフォーマンス、メディア実践など――を内在的に理解しなくてはならない。それは同時に、社会の複雑で込み入った、しかし容易には分節化できないダイナミズムを感じとる営みにもなるだろう。

新宿駅の西口通路に、円筒を側面から斜めに削ったような形をした奇妙なオブジェが、所狭しと通路脇に配置されている。公共空間に設えられたベンチのようにもみえるが、先端が尖っているので腰をかけることはできない。建築史家の五十嵐太郎が排除系オブジェと呼ぶそれらの奇妙なオブジェ群の「展示場」は、かつて段ボールハウスに住まうホームレスたちの「居住地」であった。都市の野宿者たちの姿を不可視化しようとする欲望が、いわば物理的な環境設計の次元で結晶したものといえよう。

それは、わたしたちの都市への想像力の行使を、（ローレンス・レッシグの言葉を用いていうなら）「アーキテクチャ」のレベルで身も蓋もなく抑制する。腰をかけることも、段ボールを敷いて眠ることもできない「オブジェ」の前を何の気なしに通り過ぎるとき、わたしたちは、新宿駅西口というまさしく異種混淆的な空間として存在し続けてきた場の史層を踏み潰し、「路上の通路化」にコミットしてしまっていることになる。異質な他者の異質な都市へのまなざし、領有の営みを感受し、可能なる都市空間の実践を模索／想像していくこと――それは、都市の生態に目を向けた初期シカゴ学派の人びとが引き受けた課題でもあったはずだ。「空間管理」が進行しつつあるといわれる現在（阿部・成実編2006）、わたしたちはあらためてシカゴ学派的な都市のエスノグラフィの意義を確認しておく必要がある。

本書に結実した若手研究者たちによる集団的な調査プロジェクトは、そうした作業課題を、後に述べるように「メディア」との関連を意識しながら、遂行的にこなしていくことを目指した。

2　都市エスノグラフィの系譜のなかで

本書における課題遂行（エスノグラフィ）を紹介する前に、まずは、わたしたちの議論の出発点（の一つ）ともいえる初期シカゴ学派の都市エスノグラフィを振り返っておくこととしよう。

名実ともに初期シカゴ派のリーダーであったロバート・エズラ・パークが一九一六年、一連の都市研究の原点をなす論文で強調したのは、現代のメトロポリスにおけるさまざまな人種、階層、職業の集合的心性や地域の生態的構造をめぐる人類学的探究の有効性であった。論文冒頭の、都市とは「一種の心の状態であり、慣習や伝統の集合体であり、またもともとこれらの慣習のなかに息づいており、その伝統とともに受け継がれている組織された態度や感情の集合体でもある」という見解には、パークに率いられた一連の都市研究を貫く視座が示されていた（Park1916=1972）。

この観点からするなら、「都市は物的組織とともに道徳的組織をもっており、そのうえこれら両者が相互に作用し合いながら、独特の仕方で互いに鍛え合っ」ている。都市のさまざまな場面での人びとの営みを、そのような集合的な心の状態の諸レベルでの動態として理解することが可能である。やがてはるかに個人主義的、科学主義的な方向をたどっていくアメリカ社会学とは異なって、初期シカゴ学派の都市研究が、その素朴さにもかかわらずいまなおその魅力を失わないのは、それらがこうした都市へのまなざし、人びとの集まりや交わりの現場を、「組織された態度や感情の集合体」として路上から丹念に捉え、記述していこうとする精神によって支えられたものであったことに一因がある。

こうしたパークの提言に導かれ、一九二〇、三〇年代のシカゴ大学では、若き社会学者たち、つまり教授たちだけでなく、たとえばネルス・アンダーソンのような風変わりな経歴をもった学生たちも参加して、パイオニア的な現代都市のエスノグラフィの実践が次々になされていった。

たとえば、都市から都市へと渡り歩く無宿者を指すホーボーの調査において、自らもホーボーだった経験のあるアンダーソンは、ホボヘミアと呼ばれる彼らの集結地にわずか三〇〇ドルの研究費を手に入れ、一年にわたる参与観察を通して彼らの生活と都市との関係をヴィヴィッドに描き出していった。無論、一口に無宿者といっても一様ではない。アンダーソンによれば、ホボヘミアの住人には、定期的に都市間を移動する季節労働者、浮浪的に都市を渡り歩く労働者、賭博や物乞い、盗みなどで生活しながら都市を移動する渡世者、ホボヘミアに常住する日雇い労働者、無職の浮浪者などがおり、多様な人種やエスニシティが混ざりあい、独特の言語と規範をもつ小宇宙が織り上げられていた。

そうしたホーボーたちにとって、路上は都市生活の主要な舞台であり、金のない彼らは街の路上のほうぼうを往来することで時間を過ごしていた。彼らは、たとえばワシントン・スクウェアをぶらついて街頭演説に耳を傾け、ショー・ウィンドーに並ぶ食料品に目を向け、路上の行商人の前で立ち止まり、時には彼ら自身が物乞いをした。こうした生活のなかでホーボーたちは、彼ら独自の言語体系と社会的ネットワークを発達させていったのである（Anderson 1923）。

あるいは、初期シカゴ学派の都市エスノグラフィの最後期に属するポール・G・クレッシーのタクシー・ダンスホール調査では、プロの踊り子が一定料金で男性客の相手をして踊るサーヴィスのあるダンスホールでの踊り子と客、支配人の関係に目が向けられていった。このホールでは、客は入口でチケットを数枚購入し、踊ってもらうごとに踊り子にチケットを渡していく。踊り子たちはそのチケットを集め、歩合で収入を得る。クレッシーは、支配人と踊り子の女性、男性客の三者の関係に焦点を据えながら、ダンスホールという空間固有の世界としてのありようを捉えていった（Cressey 1932）。

路上生活者やダンスホールの踊り子だけでなく、パークが提案した現代都市のエスノグラフィのリストには、大都会の移民街やスラム、行商人、運転手、占師、バーテン、芸人などの雑業者、盛り場や劇場、スタジアムのような公共空間、社会的な移動性と流行などについての研究が含まれていた。そして実際、二〇年代から三〇年代にかけて集中的に進められた彼らの都市研究では、移民街などの生活世界と路上の非行少年や逸脱グループについて、多くの優れたエスノグラフィが書かれていた。

初期シカゴ学派の伝統は、その後の都市社会学に受け継がれてもいる。たとえば、移民街やスラムの研究は、やがてウィリアム・F・ホワイトの『ストリート・コーナー・ソサエティ』へと継承されていく。この研究は、当時まだ二〇代の若手研究者だった著者が、アメリカ東部の都市のイタリア人コミュニティの生活にどっぷりと漬かりながら結晶化させたエスノグラフィの古典である。ホワイトは、「街頭の若者」と「大学の若者」という、このイタリア人街の二種類の若者グループを丹念に参与観察し、彼らの日常を通してコミュニティの権力構造を描き出していった。とりわけ、主要なインフォーマントのドックを中心とする街頭の若者についての記述は魅力的で、彼らは床屋や軽食堂、ビリヤード場、クラブ、そして路上にたむろしながら日々の関係を営んでいた。ホワイトは、彼がこのグループとともに過ごした期間に起きたさまざまな出来事を詳細に観察し、都市の路上を舞台に活動する若者グループにおける関係規範の形成と維持、解体のプロセスを明らかにしていった（Whyte 1943=1979）。

他方、非行少年や逸脱者グループの研究にしても、一九六〇年代以降、シカゴ学派が背景としていた社会病理学的な視点は批判され、逸脱者を生んでいくラベリング過程の政治性が問われるようになっていった。ハワード・ベッカーは、「社会集団は、これを犯せば逸脱となるような規則をもうけ、それを特定の人びとに適用し、彼らにアウトサイダーのレッテルを貼ることによって、逸脱を生みだすのである」というラベリング理論の観点から、マリファナ使用者やダンス・ミュージシャンについてのエスノグラフィをまとめていった。このベッカーのエスノグラフィでは、ダンス・ミュージシャンたちが外部の「スクウェア」な連中をどう見なし、「彼ら」と「我ら」の差異をどう強調しながら自分たちの価値こそ正当なものであるという感覚を保持していくかが詳述されている（Becker1963=1978）。ここでは都市のサブカルチャーが、社会への適応の問題を抱えた逸脱集団の文化というよりも、「逸脱」のレッテルを貼る支配的な文化の諸価値に疑問を差し挟む可能性を孕んだ集団的実践として理解されている。

このまなざしの転回は、決定的に重要である。観察者がフィールドにおいて、都市を生きるさまざまな人びとの行為や発話を一方的に解釈し、カテゴライズするのではなく、むしろそうした人びとの語りのなかで調査者自らの前提や構えが問い返されていくこと。これは、シカゴ学派のエスノグラフィのなかに潜在しながらも、ずっと自覚されずにきた点なのだが、まさにこのまなざしの反転の瞬間をいかに経験し、言語化できるかが、それぞれのエスノグラフィの深度を決めるともいえるのだ。

3　都市とメディアの交わりをめぐって

　ところで、わたしたちはシカゴ学派の流をくむ都市研究の系譜と並び、メディアのオーディエンスについてのエスノグラフィックな研究の系譜を知っている。その代表は、いうまでもなくカルチュラル・スタディーズのオーディエンス・エスノグラフィで、スチュアート・ホールのリーダーシップに導かれ、一九七〇年代末以降、テレビ番組や雑誌などについての事例分析がいくつも積み重ねられてきた。それらの個々についてここで解説をしようとは思わない。すでに指摘されてきたように、八〇年代、これらのオーディエンス・エスノグラフィは世界的な隆盛に向かった後、ある種の袋小路に陥っていった。

　その原因は単純ではない。しかし、ひとつ指摘したいのは、数多くなされたオーディエンス・エスノグラフィにおいて、インフォーマントの語りやまなざしによる調査者の前提そのものの問い返しというまさしくエスノグラフィックな契機がどのくらい自覚されていたかという疑問がある。実際、とりわけテレビのようなマスメディアの場合、オーディエンスは社会の大多数の人びとが住まう支配的な価値を体現していることが多く、オーディエンスの語りによって調査者が問い返されるという展開は簡単には生じない。オーディエンスの受容についての分析が積み重ねられるほど、支配的な価値の根強さを再確認していくことになりかねない。そのような危険性を避けようとすれば、オーディエンスの位置を何らかの理論的立場から相対化していく必要が生じる。しかし、そのようにすればするほど、今度はエスノグラフィックな実践の根幹から少しずつずれていってしまうというジレンマが生じる。

つまり、わたしたちは遠くのものを見ることよりも、近くのものを見ることのほうがはるかに困難であるというジレンマにぶつかっているのである。わたしたちは、そのような困難を抱えながらも、なおテレビ番組や大衆音楽についてのオーディエンス・エスノグラフィが有効であると信じるが、支配的な価値が強い社会であるほどそれを説得的に示すのは容易でない。しかも、一九九〇年代以降、メディア・オーディエンスの置かれる状況は、次の二つの意味で地殻変動を起こしてきている。

第一は、メディアの個人化・分散化である。家庭のリビングルームに置かれたテレビだけが支配的な時代は過去ものとなり、インターネットであれ、携帯電話であれ、あるいはゲーム機や iPod のようなメディアであれ、メディアはかつてよりもはるかに多様な形態で、分散的に、そしてしばしばわたしたち一人ひとりの身体に直接働きかけるような仕方で存在し始めている。当然ながら、メディアの居場所も劇的なまでに遍在的になり、地球上のあらゆる空間は文字通りユビキタス化しつつある。

第二には、従来的な意味での送り手と受け手の関係が変化し、ネット文化において指摘されるようなユーザー一人ひとりが多様なメッセージの作り手として網の目状に結びつきながら活動する状態が一般化している。ここにおいてオーディエンス研究は、ファン・カルチャー研究やネット・コミュニティ研究、ゲームなどのインタラクティヴなメディアの研究に展開していく傾向がある。メディア・オーディエンスの研究は、さまざまなメディア・パフォーマーの研究へと変容しつつあるのである（たとえば、本調査プロジェクトのリーダーの一人、伊藤昌亮は、このような新たな展開を象徴的に示す2ちゃんねるのファン・カルチャーについての出色のエスノグラフィックな研究をまとめている）。

以上の二点はいずれも周知のことだ。しかしながら、このようなメディアとオーディエンスの関係の地殻変動は、単に家庭内や個人的な環境だけでなく、より公共的な都市空間のありようを大きく変えてきているのではないか――これが、本書の調査プロジェクトの出発点にあった関心である。もちろん、路上で携帯電話をかけ、iPod を耳にしながら歩くことによるコミュニケーション環境の変化は散々に指摘されてきた。しかし、そうした個人的変化だけでなく、メディアが都市空間にどんどん遍在化し、いわば都市空間そのものがメディア複合体と化すなかで、都市のなかのわたしたちの身体は、これまでとは異なる重層的な文化政治の場に置かれるようになってきているのではないか。

このような都市とメディア、そしてわたしたちの身体の新たな交渉関係が、最もはっきりと露呈する場所が、おそらくは路上――ストリートである。家庭のリビングルームから都市の路上にオーディエンス研究（むしろパフォーマー研究）の視座を拡大していったとき、わたしたちの関心が向かったのは、路上で携帯電話をしたり、iPodを耳にしたりする人びとだけではなかった。そのような「受け手」の延長線上にある人びと以上に興味深いのは、文字通り路上を舞台として活動（空間実践）するさまざまなパフォーマー、路上を自分たちの表現メディアとして活用、流用するちんどん屋からストリート・アーティスト、グラフィティ・ライター、サウンド・デモの参加者たちであった。

これらの路上のパフォーマーたちを、単に都市空間の日々の変化と交渉しながら活動するばらばらな存在として捉えるのではなく、むしろ彼らの活動を都市とメディアの交わる場所として、そうした交わりのなかから生まれ出てくる多面的で重層的な営みとして理解すること。そうすることによって、わたしたちは、初期シカゴ学派以来の都市エスノグラフィの優れた遺産を引き継ぎながらも、同時にメディア・オーディエンス研究ならぬパフォーマー研究の新たな可能性を、いわゆるファン・カルチャー研究やネット・コミュニティ研究とは異なる仕方で探っていきたいと考えた。

4　本書のなりたちと調査全体を貫く問題系

ではここで、こうして始まった調査実践の成果である本書のなりたちを概観しておこう。本書は四部によって構成されている。路上でさまざまなパフォーマンスを繰り広げるストリート・アーティスト（第Ⅰ部）、「ストリート」というよりは「町場」におけるパフォーマーと呼ぶべきちんどん屋（第Ⅱ部）、新しい路上デモの形態として注目を集めたサウンド・デモ（第Ⅲ部）、ストリートの壁面に痕跡を刻み込み続けるグラフィティ・ライター（第Ⅳ部）が、それぞれの章の主題だ。

もちろん、章によって対象の固有性が異なるため、全体を統括する分析枠組みを摘出することは難しい。しかし、幾度かにわたって行われた相互議論のなかで、いくつか全章を貫く問題意識を確認することはできたように思う。ここでは、①空間の政治、②空間とまなざし、③メディアと／としての都市、という三つの軸にそくして、第Ⅰ部以降の議論を簡単に俯瞰しておくこととしよう。

空間の政治

本書の調査実践が問題化していった第一のポイントは、都市空間と政治の関係である。都市空間の設計は、その都市に内在する人びとの身体的動静を規定し、人びとの日常的な生活世界のあり方に少なからぬ影響を与える。都市に内在する人もまたそうした「規定」に対して空間を領有しつつ、反作用を与えていくが、いずれにせよ空間が何らかの政治的な折衝の磁場となっていることは間違いない。

冒頭で挙げた排除系オブジェのことを想起してほしい。排除系オブジェは、物理的空間を（反）人間工学的にデザインすることによって、身も蓋もなく、人びとが生活世界を作り上げていくことを拒絶する。人びとが意味を媒介として共同的に作り上げていくコミュニケーション空間と、物理的空間をとてつもなくあからさまな形で分断し、コミュニケーション（意味の交感）を管理しようとする。排除系オブジェほどあからさまではないにしても、わたしたちが住まう都市空間は、（潜在的には）遍くどこでも、つねに、こうした管理への欲望とそれに対する人びとの応答とが交差する政治的な磁場となりうる。統制の困難なさまざまな意志と欲望がうずまく路上は、そうした空間の政治性がもっとも先鋭的にたち現れる場所であるといってよいだろう。路上のパフォーマーたちの振る舞いについての諸調査は、当然のことながら、そうした空間を結節点とした政治に着目することとなった。

第Ⅰ部「ストリート・アーティスト」では、行政（東京都）による「大道芸人」の管理施策ともいえる「ヘブンアーティスト」制度に照準しつつ、この管理システムとアーティストたちとの微妙な距離関係に目を向けている。こうした「行政による馴致」に対するアーティストたちの多様な応答のあり方を、可能な限り、内在的な視点から記述することを目指している。しばしば「管理vs抵抗」という形で二項図式的に捉えられがちな問題ではあるが、重要なのは、そうした管理への抵抗（あるいは管理への違和）とともに、管理との共棲への指向も存在しており、管理への応答が重層的な政治性を内包しているということである。そうした重層性を冷静に分節化することによって、「無意識的に拡がっている管理権力や、変容しつづける都市空間を、その内側から再定義していくこと」、――そのような管理と抵抗との複雑な関係性は、第Ⅲ部（サウンド・デモ）、第Ⅳ部（グラフィティ）においても照準されている。

第Ⅲ部では、デモという都市の政治的な実践の系譜において、サウンド・デモはどのような意味を持つのか、という問題系を二〇〇三年から二〇〇四年にかけて東京渋谷で行われたサウンド・デモにそくして論じている。「サウンド・デモの形式は、スローガンには関心のない参加者であっても肯定するスタイル」であって、「合意の調達（動員）→行為の動員」という社会運動のプロセスを逆転させたものといえる。もちろん、サウンド・デモは都市における「抵抗」行為にほかならないわけだが、それは単純な管理／抵抗の二項図式に収まるようなものではなく、むしろその二項図式そのものをパフォーマティヴに脱臼させ、「都市における抵抗」のオルタナティヴを求める実践であったといえるだろう。

グラフィティを扱った第Ⅳ部は、グラフィティをめぐる問題系を「都市空間の「管理」と「抵抗」の問題系に矮小化」してしまうのではなく、むしろそうした二項図式を「本質的な構図として自明視してしまうことの陥穽」を浮き彫りにしようとする。グラフィティの文化的‐歴史的背景をほとんど考慮することなく、それを「落書き問題」として社会問題化し、理解・対処しようとする言説に対する異議申し立てとしてⅣ部を読むこともできるだろう。重要なのは、管理か抵抗かではなく、その「あいだ」や「外側」で当事者たちが紡ぎ出している共同性の実態《リアル》である。

第Ⅱ部の調査グループが扱ったちんどん屋は、一見して「空間の政治性」を読み取りづらい対象である。しかし、ちんどん屋の都市実践を詳細にみていくと、そこに独特の都市における「抵抗」のあり方を見いだすことができる、と2章の執筆者は述べる。ちんどん屋の実践は「「管理／抵抗」という整理の中に納まりきるものではない。彼らは宣伝活動をしているのであり、その営利目的のために、都市を利用しているのだ。都市を管理する公権力の存在は、彼らのインタビューからも見出すことができるが、ちんどん屋が選ぶ戦術は抵抗ではなく調停である」。そのしたたかな都市実践のあり方は、いわば「都市という規定性を被りながらもそれを利用していく行為性を示」しており、「「抵抗」という概念そのものの再定義」をわたしたちに迫っている。管理／抵抗という図式の彼岸に位置する「抵抗」の契機をわたしたちはちんどん屋の都市経験・実践のなかに見出すことができるだろう。

空間とまなざし

都市空間とは、多様な政治的・文化的まなざしが交差する場であり、そのまなざしをときに意識し、ときに回避しつつ、人びとは都市での経験を紡いでいる。まなざしをどのように受け止め、また返していくのかは、「路上」のリアリティを掬い上げていくうえで、きわめて重要な課題となる。

第Ⅰ部の調査を通じて主題化されているのは、アーティストたちとかれらのオーディエンスとのまなざしの交差である。当然のことながらオーディエンスは受動的にアーティストたちのパフォーマンスを「観る」だけの存在ではない。オーディエンスとアーティストとの関係性は、特定の空間においてコンテクスチュアルに／身体的に／共同的に形成され、維持されていく。「両者のあいだに複層的に重ねられ交錯した複数の視聴覚によって、多様に都市空間が組み立てられていく。

このプロセスこそが、都市空間における「見る／見られる」「聞く／聞かれる」という主客の二元論的関係を超えた、路上の文化実践の実相にほかならない」。パフォーマンスの現場は、たんに「芸が披露される空間（容器）」ではなく、それ自体オーディエンスとパフォーマーによってたえず作り出されていく磁場、意味を濃厚に滲ませた場なのである。この意味の磁場の構成プロセスと、そのプロセスをコンパートメント化しようとする（行政の）欲望との微妙ならざる関係性を描き出していくことが、第Ⅰ部のグループにとっての調査課題であったということができるだろう。

第Ⅱ部では、都市の光景のなかに異質な他者として立ち現れながら、都市空間との「一体化」を図るちんどん屋の都市実践が、綿密な聞き取り調査の積み重ねから描き出されている。「ちんどん屋の実践は、見られることと見ることを重層的に含み持つ。私を見ている人を私は見る。私に見られている人が私を見る。そのような視線の交錯の中で「笑顔」が出現し、「笑顔」を向けられる自分が出現し、「笑顔」になる自分が出現する」。ちんどん屋の実践は、パフォーマンスを媒介としたまなざしの交換・交感によって、都市空間のなかに自らの身体を溶かしこんでいく。「「音だとか衣装だとか、それが光景とかが街と一致」し、「そういう全部一緒だなあっていう感じ」が生み出される」。都市と自己との融合（境界喪失）の感覚は、他者とのまなざしの交感・交換によって生み出されるわけだ。

同様のことは、ちんどん屋と同じく、音楽というコミュニケーションの媒体を都市に持ち込むことによって、見る人／見られる人、言う人／聞く人、歩く人／見物する人……といった区分を失効させていくサウンド・デモについても指摘することができるだろう。視覚・聴覚・触覚メディアを動員することによって、まなざしの二項性を突き崩し、その交換・交感を身体的水準で——協働的に——実現していくこと。リチュアルな都市経験のなかで忘却されがちな、こうした空間実践の可能性を、わたしたちは音のパフォーマーたちの実践に読み取ることができる。

この点、第Ⅳ部の調査グループが扱ったグラフィティ・ライターたちの実践は、多少異質といえるかもしれない。というのも、「ストリート・アーティストやちんどん屋と異なり、グラフィティ文化、そのなかでもとりわけタグは、姿の見えない「見知らぬ人」同士による、対面的ではない相互行為によって紡がれるという点に特徴がある」と考えられるからだ。だからといって、グラフィティ・ライターたちが、他者のまなざしを意識していないとか、まなざしの交感を行っていないということではない。そうではなく、かれらは、共在的、顕名的な「まなざし」の交感・交換とは異なった親密性のあり方を模索している、と考えられる。グラフィティは、背景についての知識を持たない人からすれば、無造作に書き残された図像の断片にすぎないかもしれないが、グラフィティ・ライターたちにとっては、「不可視のコミュニケーション・ネットワーク」の「痕跡」であり、次なるコミュニケーションへの「契機」でもありうるのだ。第Ⅳ部では、こうした不可視のネットワークが、痕跡の相互観察によって——見る・見られるという関係を超えて——共同的に紡ぎ出されていく様子を、インタビューを通して可能な限り内在的に描き出そうとしている。

メディアと／としての都市空間

本書に結実するすべての調査プロジェクトは、メディアと都市の関係を扱ってきた。しかし「メディアと都市」というテーマを掲げた場合、ふたつぐらいの捉え方がある。第一に、（1）携帯電話やインターネット、テレビ、ラジオといったいわゆる情報メディアと、都市体験の関係性に照準する、という視点。都市空間での体験が、メディアに媒介されることによってどのように変わるか、あるいは、都市での実践とメディアでの実践とはどのようにかかわっているか、といった問題系だ。いまひとつは、（2）都市そのものを異質なヒトやコトやモノが出会い・折衝し、まなざしを交感・交換するメディアとして捉える、という視点である。第Ⅳ部でも引用された若林幹夫の言葉を使えば、都市を、異他的なものを媒介する「マルチメディア・システム」として捉える視点といってもいいかもしれない。

（1）と（2）の問題系はおそらくは不可分のものであり、本来は両者の関係性そのものを主題化して論じるべきなのだが、ここでは、あえて二つに分けて本書での議論を概観しておくこととしたい。

第Ⅰ部は、主として（1）の問題系（メディアと都市）に照準している。つまり、ストリート・アーティストたちが、路上における身体的パフォーマンスと、インターネットのような情報メディアをどのようにリンクさせているのか、マスメディアとの距離関係をどのように考えているのか、といったことが、かれらの「路上」観、キャリアデザインなどと絡み合わせながら分節化される。路上／インターネット／自主制作メディア／マスメディアの関係付けの仕方は、アーティストによって異なっている。そうした関係付けをインタビュー調査を通じて読み取り、考察するのが、第Ⅰ部2章の主題である。

これに対して第Ⅱ部は、主として（2）の問題系に踏み込んで聞き取り調査を進めている。先にも述べたように、ちんどん屋の実践は、都市という異他性の媒体のなかにもぐりこみ、自らを有徴化すると同時に透明化（「空気」化）させるというものであった。〈異質なものが交差する舞台＝都市において、自らの有徴性を失わないように、それでいて自らの身体をその都市の文脈（空気）に適合させながらパフォーマンスする〉という実践、それは、メディア（＝都市）のなかでメディア（＝広告）であろうとする点で、困難な実践であるといえる。「ちんどん屋は都市を歩く活動であるゆえに都市に自らの存在を刻印し持続させる行為性ではない。この出現と消失の繰り返しによって、ちんどん屋の存在は懐古と新奇にさらされ、〈古さ〉が〈新しさ〉として蘇り、帰還するのである」。第Ⅱ部では、メディアとしてのちんどん屋（の身体）が、メディアとしての都市を舞台に行っている都市実践（歩くという実践）のリアリティを、担い手たちへのインタビューを積み重ねながら描き出すことを目指している。

第Ⅲ部、第Ⅳ部では、（1）（2）の双方の問題系に照準している。一方で、サウンド・デモはまさしく、メディアとしての都市――異質なものが交差する場――の異他性を音楽というメディアを駆使して浮き彫りにしようとする試み、都市のメディア性をメディア（サウンド・システム）によって再認識しようとする――「歴史的に定位された〈都市〉存立機制を撹乱し、そこから、生きられた〈空間〉を呼び覚ます」――試みであったといえよう。もちろん、サウンド・デモにおいては、「グラフィックソフトを用いて作られたビラ、インターネット」といったメディアも駆使されている。

他方、第Ⅳ部の調査では、サブカルチャーにおける三つの「メディア」――「メディア1」＝「モノやシーン」、「メディア2」＝「成員の身体」、「メディア3」＝「通信・放送・複製などの各種メディア」――を類別化する難波功士の議論が参照され、さまざまなコトやモノを交錯させるマルチメディアとしての都市の内部で、グラフィティ・ライターたちは、匿名性のヴェールを被りつつも、「モノ」「身体」「情報メディア」を媒体としつつ、固有の関係性・共同性・親密性を築きあげていく様子が描かれている。かれらの実践はメディアを駆使して行われるが、かれらの実践の痕跡そのものがメディアとなって、次なるコミュニケーションを生み出していく。わたしたちはそこにまさしく「都市的」としか形容のできないメディア実践、「メディア的」としかいえない都市実践を見て取ることができる。

5　社会調査実習の新たな試みとして

さて、以上で本書の調査プロジェクトの狙い、概要について論じてきたが、実は本書は、編者二人が所属している東京大学大学院情報学環・学際情報学府の二〇〇四年度夏学期授業「社会情報学研究法Ⅰ」の調査実習として院生諸君が実践してくれたことの成果である。この年の四月、東京大学社会情報研究所と大学院情報学環が合併するという組織上の大きな変化があり、諸々の大学院カリキュラムが大幅に再編された。吉見と北田は、新たな学際的な情報・メディア研究の大学院カリキュラムのなかで、主として大学院に入学してきた修士一年生を対象に、社会学的な調査実習のベースを学んでもらう本格的な試みを導入したいと考えた。そこで、調査実習科目のひとつとして「メディアと都市の交わりを調査する」という授業題目を掲げ、集まってきてくれた院生たちと一緒に調査を進めた。

授業の開講時、担当教員の吉見と北田は、この開講科目の狙いを授業シラバスにこう書いた。

この社会調査を主体としたゼミでは、インタビューなど質的な調査法に重点を置き、メディア研究や現代社会分析を遂行していく上で不可欠な社会調査の具体的なフィールドワーク経験を積むことを目的としている。質的調査にかかわるさまざまな理論的問題や調査のいくつかの方法論、課題とするテーマについての背景的知識について講義形式で検討した上で、実際にいくつかの調査グループを組織して調査を進め、結果を共同で分析していく。今年度は、「メディアと都市空間」を統一テーマとして、文化的ハイブリッド化と巨体資本による再開発によって新たな様相を呈しつつある東京のなかで、どのようなメディアと身体、社会的権力の相互作用が生じているのかを具体的に調べていく。このような調査経験を通じ、参加者には、メディア文化やジャーナリズム、コミュニケーションなど社会情報学の対象となる素材を質的に精査・分析するための方法論を学んでほしい。特に、フィールドワークを進めていく上で必要な方法論的・実践的知識、倫理的問題に対する感性を涵養することを目指したい。

このような問題設定をした上で、授業ではまず、これから取り組むフィールドワークについての方法論的な基礎認識の共有化を図った。具体的には、まず社会学の質的調査やフィールドワークの方法論についてのいくつかの文献を読み、また近年、路上のスケートボーダーについての魅力的なエスノグラフィをまとめている若手社会学者の田中研之輔の論文を、自分たちの作業の参考例とした。そうした導入的な作業をした上で、わたしたちは調査テーマについての議論を進めるなかからメディアと都市が交わる場としての「路上＝ストリート」という共通のテーマを抽出した。

次に、全体を四つの調査グループに分けて、三浦伸也、伊藤昌亮などそれぞれのリーダーを中心に各調査グループがどのようなテーマに焦点化して調査を進めるかについて話し合ってもらった。このような話し合いのなかから、本書にあるように、「ストリート・アーティスト」「ちんどん屋」「サウンド・デモ」「グラフィティ」という四つのテーマに調査の方向が絞り込まれていった。

このようにして、それぞれの調査グループによる実際のフィールドワークがスタートしたのだが、スタートしてみると、参加した学生たちの調査能力の高さは、担当教員の予想をはるかに超えるものであることが明らかになっていった。各グループは、授業時間の枠外でもリーダーを中心にきわめて頻繁に集まり、熱心に議論し、インフォーマントとコンタクトをとり、現地調査に出かけていった。とりわけ七月、八月の夏休み期間になると、夏休みどころか調査活動は熱い盛り上がりをみせ、担当教員二人のほうがむしろ調査グループの熱心さに引きずられるというか、教師が「教える」というよりも、逆に学生たちから教師が「教えられる」ことのほうがずっと多い特異な授業になっていった。

エスノグラフィとは、そのフィールド実践の過程において分析者自身が自己の変容を経験せざるを得ない対話的な作業である。本書の調査プロジェクトでは、担当教員が学生たちの実践によってそうした経験をさせてもらったともいえようし、それ以上にこの授業に参加した大学院生たちは、それぞれが調査の実践のなかでさまざまな自己変容を経験したはずである。

担当教員たちは、まずはこの二〇〇四年度夏学期の調査プロジェクトを年度末までに報告書の形でまとめたが、それだけでなく、予想以上の充実した成果が得られた今回の調査実践を、さらにより広い読者層の手に届くような書物の形にまとめたいと考えるようになっていった。たしかにプロフェッショナルな社会調査やエスノグラフィとしては、本書はいくつもの欠点を持っている。たとえば、本書の諸章を読めば明らかなように、インフォーマントの発話や行為によって調査者自身の足元が問われ、自己変容を遂げていかざるを得なくなるというエスノグラフィ的実践の本質をそれなりに引き受けることができている章もあれば、せっかく充実したインタラクティヴな調査をしながらも、本書のなかでは、ある一定の図式にインフォーマントの発話を落とし込んでしまっているのではないかと気がかりな章もある。調査報告書の刊行から本書の出版までに二年間の歳月をかけたのに、担当教員＝編者の怠慢から必ずしも四つの調査を相互にうまく結び付けられていないという限界もあるかもしれない。

それにもかかわらず、われわれ編者は、本書が出版され、とりわけ全国の大学で社会学や人類学、コミュニケーション研究や都市研究、文化研究などの分野で学ぶ学部生や大学院生、そして彼らの授業を担当している教員の方々に活用されるようになることを心から望んできた。なぜなら、本書が示すような都市とメディアの交わりのついてのフィールドワーク、またそれを発展させた多様なフィールドワークが、日本各地の都市において可能であろうし、また今日、変化の激しい大学のなかで、学生たちに何を教えるのか、学生たちが調査実習をしていけるのかに悩んでいる教員や学生がいるならば、本書はそうした人びとにとって必ずや有益な参考例を提供するはずだと信ずるからである。

こうした願いが叶い、ここに本書を出版する。改めて強調したいのは、本書が決して個々の執筆者の論文集ではなく、四つの調査グループによるフィールドワークの集団的な成果である点である。調査計画の設計からインフォーマントとのコンタクト、さまざまな現地調査、記録の整理やとりまとめの方向性についての議論、そして報告書の作成と本書に向けてのブラッシュアップ——これはらすべて、それぞれの部の扉に掲げられた各調査グループのメンバーによる集団的な作業としてなされてきた。まさにそのような学生主体の集団的な営為の記録であるが故に、本書は価値を持つのだと編者は考えている。

このような出版を快く引き受けてくれたせりか書房の船橋純一郎氏に深くお礼申し上げるとともに、最後まで教師を引っ張っていってくれた学生諸君の熱意に心から「ありがとう」を言いたい。

（編者）

参考文献

阿部潔・成実弘至編(2006)『空間管理社会』新曜社

Anderson, Neles(1923)*The Hobo*, University of Chicago Press.

Becker, Howard S.(1963)*Outsiders: Studies in the Sociology of Deviance*, Free Press.=村上直之訳(1978)『アウトサイダーズ ラベリング理論とはなにか』新曜社

Borden,Iain(2001)*Skateboarding, Space and the City: Architecture and the Body*, *Berg*.=齊藤雅子・中川美穂・矢部恒彦訳(2006)『スケートボーディング、空間、都市 身体と建築』新曜社

Cressey,Paul(1932) *The Taxi-Dance Hall: A Sociological Study in Commercialized Recreation and City Life*, Patterson Smith'

五十嵐太郎(2004)『過防備都市』中央公論新社

Park, Robert E.(1916) "The City: Suggestions for the Investigation of Human Behavior in the Urban Environment," Robert E. Park, Ernest W. Burgess and Roderick D. McKenzie, *The City*, Chicago: University of Chicago Press.=大道安次郎・倉田和四生訳(1972)『都市 人間生態学とコミュニティ論』鹿島出版会

齊藤純一(2005)「都市空間の再編と公共性」植田和弘・神野直彦・西村幸夫・間宮陽介編『岩波講座 都市の再生を考える1 都市とは何か』岩波書店

田中研之輔(2004)「若年労働と下位文化 スケートボードをする若者の日常」伊藤守編『文化の実践、文化の研究 増殖するカルチュラル・スタディーズ』せりか書房

Whyte,William F. (1943) *Street Corner Society*, University of Chicago Press.=寺谷弘壬訳(1979)『ストリート・コーナー・ソサイエティ』垣内出版

I ストリート・アーティスト

このフィールドワークは、石原宏哉、権旻娥、昆野町子、佐藤清子、中路武士、三浦伸也の六名によって実施された。1章は中路、2章は権による単著の形式をとっているが、その背後にある一連の調査はこの六名の共同作業によって成立している。石原は上野公園、渋谷でのヒヤリング、路上の分析を、権はテレビやインターネットなどのメディアとストリートの関係性についての分析を、昆野は、東京ロカビリークラブなど代々木公園、渋谷でのヒヤリングを行った。また佐藤はアンザイノリエさん、雪竹太郎さんへのヒヤリングを含む計二四回のヒヤリング、および写真や名前などの使用許諾折衝などを、中路はビデオ撮影、仮説の構築や分析を、三浦は全体の調整・統括、インフォーマントとの連絡・折衝、行政等へのヒヤリングなどを担当した。いずれの論文も、この調査班内での対話・議論でえられた知見によって成立している。

0
はじめに

私たちは、東京の路上で活動するパフォーマーやミュージシャンを中心に、都市に生きるストリート・アーティストに対して聞き取り調査を行い、エスノグラフィの構築を試みた。ストリート・アーティストを調査対象に選定したのは、彼らがマスメディアの影響を強く受けて活動するとともに、自らの身体を都市におけるメディアとして表象しているからだ。私たちはそこから都市とメディアの複雑な交叉関係を描出することができるのではないかと考えたのである。したがって、このエスノグラフィの目的は、ストリート・アーティストの意識や活動を分析することで、身体と都市空間の関係、路上とメディアの関係を具体的に記述し、〈メディアとしての都市／都市としてのメディア〉の変化の実情を明らかにすることである。また、私たちは調査分析にあたって、二〇〇二年から文化政策の一環として東京都が確立した「ヘブンアーティスト制度」に注目することで、文化と政治、芸術と権力の関係を具体的に描写することを試みた。なぜなら、行政による許可や制度化のため、芸術文化やメディアの位相は根本的に書き換えられ、アーティストの意識や身体、パフォーマンスを見聞きするオーディエンス、そしてそれらを取り囲む都市空間には大きな変容がもたらされているからである。

column 01

ヘブンアーティスト制度（事業）

ヘブンアーティスト制度とは、公共空間の開放と若手芸術家支援を目的として東京都が二〇〇二年に開始した文化事業のことで、「審査により選定したアーティストにライセンスを発行して、公園や地下鉄の駅など、公共施設の一部を活動の場として提供することによって、『街のなかにある劇場』として都民が気軽に芸術を楽しむことができ、アーティストと観客との交流をとおして芸術文化を育む場としていくもの」（東京都生活文化局ウェブサイト）である。ライセンスを得た「ヘブンアーティスト」が定められた場所と時間を予約してパフォーマンスを行う仕組みになっており、投げ銭も認められている。十二施設二〇箇所の活動場所と一五四組のアーティストのもとで開始されたこの事業は、それぞれ四〇施設六〇箇所と二六七組に増え、順調に拡大を続けているようである。また、アーティストによるイベントの開催やアーティストの地方への派遣なども実施されている。

ヘブンアーティスト制度の特徴は、ライセンスの認定と審査が存在することだ。審査には映像・音声資料による一次審査と都庁前都民広場における実演一般公開の二次審査があり、小沢昭一、上島敏昭、橋本隆雄ほか、大衆芸能に携わってきた専門家が審査を行っている。明確な審査基準はなく、東京都としてもその道のオーソリティーに信頼を寄せているというが、一方で公序良俗に反するものや趣味のレベルのものは認められないとする。東京都にとっては「公共性」が最優先事項であるからだ。したがって、審査のほかでも、人の流れを妨害する恐れのある場所や管理の難しい夜間を活動範囲から除くなど、様々な制約が設けられている。

これら審査基準の曖昧さや活動範囲の限定について、アーティストからの批判は少なくない。ヘブンアーティスト制度では、芸の正統性、公共性、管理と自由など、複数の政治の線分が交差しているのだ。

（石原宏哉）

以上の問題意識のもと、私たちは、路上芸能や大道芸、音楽やパフォーマンスの歴史と先行研究を整理したうえで、次のような仮説を立てた。その仮説は、第一に、現在路上で生じている現象とは、ヘブンアーティスト制度のような権力による文化的多様性の喪失ばかりではなく、都市とメディアの複雑な絡み合いのなかで生じる、政治的なものと文化的なもの、身体の管理と抵抗などの「せめぎあい」なのではないか、そして第二に、そのような「せめぎあい」のなかにおいては、ストリート・アーティストにとって表現活動は単なる対抗文化としてあるのではなく、彼らの日常の生に欠かすことのできない、ライフスタイルやアイデンティティとなっているのではないかということである。さらに、今、なぜ、そのような路上の表現活動が行政によって制度化されるほどに増えつづけ溢れ出したのであろうか、あるいは調査主体としての私たちも、今、なぜ、路上にまなざしを向けるのだろうかということを問い、検証する必要もあるだろう。私たちは、これらの仮説や問題に対して、調査分析によって解答を導き出していくことで、都市とメディアに囲まれた身体性や主体性、意識、経験、文化の形態を記述していくことが可能となるのではないかと考えたのである。

調査方法に関しては、インフォーマルな形式で、インフォーマントの応え方とその流れを活かして、自分が思っていることを自由に語ってもらい、その内容だけでなく、その語り方や表情、服装などをICレコーダーやビデオカメラで記録した。ヘブンアーティストには、その属性(年齢や活動年数など)や活動理由、活動場所、制度以前と制度以後の活動の変化、制度の実際的問題、今後の展望などを中心に聞き取った。それ以外のアーティストには、属性や活動理由、活動場所、今後の展望などに加え、へブンアーティスト制度を知っているか、ヘブンアーティストになりたいかどうか、その理由などを含め、可能な限り多くの聞き取りを行った。また、ビデオ画像から両者の活動様式の差異を映像分析するとともに、オーディエンスとのコミュニケーションなども含め、インタビューの音声分析を行った。さらに、オーディエンスに対して、パフォーマンスを見る頻度や見る理由などを聞き取り、また、活動場所を管轄する管理事務所や警備員に対して、その取り締まりの方法や体制などについて聞き取りを行った。そして、アーティストのホームページや、マスメディアへの登場などを可能な限り調査することで、路上とメディアの関係についても分析を試みた。以上に加え、ヘブンアーティスト制度を実施している東京都生活文化局文化振興部活動支援課に対して、制度の現状、制度の問題点、都民の反応、路上の捉え方、ヘブンアーティストの審査基準や審査方法、ヘブンアーティストに関する過去の調査の有無、制度の今後の展望などを中心に、フォーマルな形式で聞き取りを行った。合計すると、二〇〇四年六月から七月にかけて、ストリート・アーティスト（二四）、警備員（二）、管理事務所（一）、東京都（一）、オーディエンス（二七）に対して聞き取り調査を行ったことになる。

調査を行った地域は、主に、上野（上野公園）、原宿（代々木公園）、吉祥寺（井の頭公園）、渋谷（渋谷駅付近）である。これらの四つの地域に調査を限定したのは、それぞれの場所が、大道芸やストリート・パフォーマンスが盛んに行われる路上を中心にして、その地域的な特殊性を歴史的かつ社会的に構築しているとともに、それが地政学的に東京の地域間の文化的な差異を具体的に表象していると考えられたからだ。それぞれの地域的な特殊性を挙げるならば、まず、上野公園は、明治期から現在にいたるまで、博物館や美術館、動物園などの視覚的装置を基軸にして公的に領域が形成され、その文化が厳重に管理され、数多くの国家的イベントが開催されている空間として機能しているといえよう。それに対し、代々木公園は、一九七〇年代以降、竹の子族やローラー族、バンドブームといった原宿ホコ天の若者の路上文化が展開され、そこに私的な領域が拡張され、管理が緩やかに行われている空間である。また、井の頭公園は、上野公園や代々木公園といった都市型公園とは違って、都市空間の周縁に位置する郊外型の空間として機能している。そして、渋谷駅付近は、公園に比べてはるかに多くの人々が行き交い、広告を中心に映像や音響などの情報が溢れ出す空間を構築している。

私たちはこれらの四つの地域を複数回にわたって調査し、その歴史的経緯や社会的脈絡について考察することで、地域別に集まってくるアーティストの性向やパフォーマンスの性格などに大きな差異があることを見出した。たとえば、上野公園は世界中から文化や芸能の鑑賞に訪れるひとが多いので大道芸人にとっては収入面で生活を支えてくれる特別な場所であるが、その反面、国民国家の装置性を帯びた管理体制は非常に厳しく、現在ではその時間や空間が管理されたヘブンアーティストの活動しか認められていない。それに対し、代々木公園と井の頭公園の管理体制は厳しいものではなく、若者の文化を見守ろうという意図が管理側にもあるため、東京でもっとも多くのアーティストを見ることができる（ただし、後者に関しては、二〇〇七年から実施されている「井の頭公園 ART＊MRT」のため、管理体制が変化し始めている）。また、渋谷駅付近では、深夜までパフォーマンスを行っている若者の集団とそれを取り囲む人々、さらにその集団を取り締まる警察官たちの往来が路上空間を形成していると考えられる。

すなわち、これらの地域的な特殊性によって、アーティストを管理する力学や政治学に大きな差異が存在しているのである。

以上のような地域的な特殊性を基盤にして、私たちは、ストリート・アーティスト、特にヘブンアーティストの意識や身体の実際的な問題を、都市空間の変容や環境管理の体制などと関連づけて考察した(第1章)。ここでは、第一に、アーティストが自分自身についていかに語るのか、いかにその自己や主体性を形成するのか、あるいは自分にとってパフォーマンスをいかなるものとして捉えるのかといった問題が、その職業的な意識や、芸術への関わり方、また他者としてのオーディエンスとの交流のなかで明らかにされる。そして、それを踏まえた上で、第二に、都市の路上に出て自らの身体を露出することに対するアーティストの認識、あるいは都市空間を管理する権力と、それに対する身体的な抵抗、さらには両者の共振や迎合といった問題が、アーティストにとっての時間や空間の文化政治的編制のなかで明らかにされる。

次に、私たちは、ストリート・アーティストとマスメディア、またインターネットなどのニューメディアとの関係論的な問題を、路上やメディアの捉え方や使い方、文化産業の戦略などと関連づけて考察した(第2章)。ここでは、路上とメディアの文化経済的な関係のもとで、いかにしてアーティストの意識や想像力が産業化され拡張されるのかといった問題が、メジャー・デビューという神話の定型化や、産業的なイメージ機能の拡大のなかで明らかにされる。また、アーティストが宣伝や広報のためにいかにメディアを利用してオーディエンスとの交流を図るのか、あるいは東京という都市メディアがいかにアーティストをその内部に取り込み分節化するのかといった問題が、チラシやポスター、テレビ番組やウェブサイトの分析、上京や来日の物語分析によって明らかにされる。

このエスノグラフィによって、都市とメディアが複層的に絡み合った社会性や政治性の磁場の実相、路上と身体が重合する場の文化的な位相が、その実践の一端であるとはいえ、明確に浮かび上がるはずである。協力していただいた諸氏にこの場を借りてお礼を申し上げたい。

（中路武士）

1 都市、意識、身体

――路上表現の文化政治

1 路上から劇場へ

公園、広場、地下鉄の駅。東京の路上を歩いていると、ときどき、ところどころに、弧を描くようにして、大小さまざまな人溜りが生まれる瞬間を目にすることがある。やがて、そこから話し声や掛け声、ざわめきや拍手が聞こえ始める。それぞれの円弧の中心には、歌い、踊り、楽器を演奏したり、あるいはパントマイムやジャグリング、クラウン芸といったパフォーマンスをしたりするストリート・アーティストを見つけることができる。ストリート・アーティストとは、多種多様な表現活動を路上の文化実践として行う人々のことだ。彼らはオーディエンスとさまざまなかたちで交流しながら、それぞれの芸やパフォーマンスに独特の時空間を形成することによって、「路上」を、それらが上演される「劇場」へと変換させる。そして、路上から劇場への変換、アーティストの身体の運動にともなって、都市を往来

図１　路上劇場のオーディエンス

する人々の視覚や聴覚、都市空間のランドスケープやサウンドスケープは大きく変容されることになる。
　現在、このような出来事――ストリート・アーティストの身体実践によって生み出される時空間や視聴覚――が、米欧のストリート・カルチャーの流入やストリート・ミュージックの流行、マスメディアを介した大道芸の隆盛などを背景として、東京の公園や地下鉄の駅など、さまざまな場所で惹起している。そして、そこには文化と政治、芸術と権力、身体と管理が複層的に重合した、さまざまな都市論的＝メディア論的問題が孕まれているようにおもわれる。なぜなら、東京都によるダンボールハウスの強制撤去、入管法違反による外国人の集中的取り締まり、原宿ホコ天をはじめとした歩行者天国の相次ぐ廃止、地下鉄サリン事件や九・一一以降のテロ対策などによる路上規制の強化、ヘブンアーティスト事業や東京ワンダーサイトなどの文化政策の実施、あるいは情報通信技術によるメディア環境の根本的な変容や、台場、汐留、六本木、表参道を中心とした都市部の大規模な再開発などによって、ストリート・アーティストが生きる文化政治的な場には大きな地殻変動が引き起こされているからだ（以下では東京都による「ヘブンアーティスト事業」を、その現状を踏まえたうえで「ヘブンアーティスト制度」と記していきたい）。そこで本稿では、東京の路上を劇場として生きるストリート・アーティストへの聞き取り調査を基盤に据えて、彼らの文化実践や言説のアクチュアリティを具体的に分析することで、その文化政治的な地殻変動を可能な限り捉え、都市とメディアを考察するためのひとつの小さな切っ掛けを提示してみたいとおもう。

そのために、ここでは、ストリート・アーティストの意識や身体の問題を、都市空間や路上文化の変容、管理社会の実情などと関連づけて考察していくことにする。彼らの意識や身体から都市を分析していくのは、その生きられた経験、具体的な実践、ひとつひとつの言葉からこそ、文化と政治がせめぎあう場の実相が明らかになるはずだからである。それゆえ、ここではストリート・アーティストや都市空間の全体像を包括的に論じるのではなく、彼らの個々の文化実践を通して顕在化される都市と身体の交叉関係を、彼らの視点に立脚して経験的に描き出すことに焦点を当てていく。つまり、ストリート・アーティストが自分自身についていかに語るのか、その自己や主体をいかに構築するのか、自分にとってパフォーマンスをいかなるものとして捉え、その文化実践についていかに考えるのか、あるいは自らの身体を通して都市空間をいかに描き出し、その規制や管理に対していかに抵抗を行うのか、といった意識や身体の問題系から彼らの生きる路上の姿を明らかにしたいのである。このように、彼らの経験や言説、身体実践、あるいは劇場としての路上の実相を具体的に描き出していくことによって、これまでの研究で見落とされてきた、あるいはあまり重要視されてこなかった都市空間の実際的問題に迫っていくことができるようにおもう。また同時に、それによって、これまで東京都の文化政策事業の紹介やエッセイ、都市建築計画による量的調査、あるいはストリート・ミュージック研究などに限定されがちだった現在の路上文化研究にも新たな視座を提供することができるはずである。

以下では、第一にストリート・アーティストの意識や表現について、その職業的な問題や劇場としての路上の生き方、芸術文化との関わり方、オーディエンスとの関係といった側面を踏まえて考察する。第二に、彼らの身体と都市空間の関係について、その路上活動や時空間の捉え方、管理と抵抗の問題などを踏まえて考察する。その際、本稿の目的に沿って、その意識や身体、活動する時空間を東京都によって政治的に管理されることの多いヘブンアーティストに考察の焦点を当てることにする。そして、これらを通してみえてくるストリート・アーティストの実践を捉えなおし、今日の都市空間が内包する文化政治的な問題系の地平について論じていきたいとおもう。

column 02

歴史と先行研究

日本の路上芸能は江戸時代に繁栄の頂点に達したが、その系譜を引く「大道芸」は明治以降、国家による西洋化や近代化の作用を受けて次第に衰退した。特に一九六〇年に施行された道路交通法は大道芸衰退に決定的な役割を果たし、円滑な交通の障害物として認識された芸人は路上から一掃された。しかし一九七〇年代以降、民俗学的な関心から大道芸が見直され、この状況を一つの文化の危機と見て芸を保存し復興しようという動きが現れる。例えば小沢昭一は全国の芸能者を訪ねて芸を採録し、一九七一年、その成果をレコード『日本の放浪芸』（ビクター）としてまとめた。また絶滅しかけていた猿回し芸は、小沢らの尽力の結果、山口県光市「周防猿まわしの会」により復興された。

しかし、現在の路上はこのような筋書きのみでは語りつくせない。欧米からの様々な影響を受けつつ、一九六〇年代以降の若者文化は路上に新たな意味を見出し、ストリート・パフォーマンスに取り組んでいった。特に原宿のホコ天は、路上がマスコミと結びついて若者達の表現を全国に発信した点において、現在の路上のあり方の一つの雛形となった。さらにバブル期に来日した外国人の大道芸人たちはクラウン芸やジャグリングなどの新たなジャンルの芸をもたらし、大道芸を一変させた。彼らはマスコミと結びついて大道芸人の認知度を向上させ、日本各地で開催された大道芸人大会は街興しの成功例ともなった。この過程において大道芸は外国の諸都市で行われるストリート・パフォーマンスとの連続性を獲得した。

現在の路上は、江戸以前へと連なる大道芸と特に一九六〇年代以降になって流入したストリート・パフォーマンスの相互連関のなかで考えられる必要がある。森（2000）や上島（2003）は様々な路上の表現行為に関して、江戸時代の大道芸の成立まで遡り、現代のストリート・パフォーマンスまでの変遷を包括的に論じている。

（佐藤清子）

2　意識と表現の文化実践

2-1　アーティストの職業意識

腰に白い布だけを身に纏ったスキンヘッドの半裸の男が、身体に白い塗料を塗りたくって白い台の上に立つ。男は無言のまま、ゆっくりと身体を動かし、パントマイムを始める。身体の運動はやがて弛緩し、流動的に、あるフィギュールを構築していく。男の足元にあるマウントには「ロダン」と書かれた題字。確かに男の身体はロダンの彫刻像《考える人》を形象化しているようにみえる。しかし、その身体所作はどこかぎこちなく、その身振りにはどこか可笑しさがある。ときおり男は滑稽に目や口元を緩ませ、表情を歪ませる。男の周りには多数のオーディエンスがいて、そのパフォーマンスについて話し合ったり、笑ったり、写真を撮ったりしている。しばらくすると、男はそのうちのひとりに目を合わせる。そして、そのひとをじっと凝視して、視線と意思を通じ合わせ、ゆっくりと招き寄せる。引っ張り出されたひとは表情に笑みを浮かべ、戸惑いながら男に近づき、その作品空間の一部へと取り込まれることになる。このようなパフォーマンスはさまざまに題名を変えて――《天地創造》、《モナリザ》、《ゲルニカ》、《ヴィーナスの誕生》、《叫び》、《接吻》など――次々と行われる。そして、オーディエンスはこのパフォーマンスに対して、それぞれ拍手を送り、投げ銭を支払う。

この男は雪竹太郎という大道芸人で、このパフォーマンスは『人間美術館』として世界に広く知られている。雪竹さんは大道芸を始めて二〇年以上のキャリアをもつ、日本を代表するストリート・アーティストのひとりである。その活動は日本のみならず、欧州をはじめ諸外国においても非常に高い評価を受けており、多数のコンテストで入賞を果たしている。のちに詳しく分析していくように、彼はヘブンアーティストのライセンスをもっているが、自分の職業について次のように語る。

図2　雪竹太郎さん

僕はヘブンアーティスト制度があろうとなかろうと大道芸人です。ヘブンアーティスト制度以前から大道芸人であるし、制度以後も大道芸人ですし、制度がある現在もその枠の外でも大道芸をやります。もともと東京では大道芸は成立しにくい仕事で、いつ大道芸ができなくなるかわかんないっていう不安はいつもあったけど、大道芸やっていくのはおもしろいし、好きだし、ずっとやっていく価値があるし、実際、僕たちはこれまで制度がないころから、長いあいだ、なんとかやってきた実績があります。

東京のストリート・アーティストのなかには、雪竹さんのように、自分の芸やパフォーマンスに誇りを持ち、それを自分の職業や商売として意識しているひとが多い。そして、ニューヨークやパリのストリート・アーティストと同じように、実際に路上の身体実践のみで生活していくだけの金銭を得ているひとも数多く存在している。路上こそが彼らの生きる場であり、パフォーマンスを上演するための劇場なのだ。この点に関して、たとえば、路上のみで音楽活動をするために、ある国から日本に移住してきた外国人のストリート・ミュージシャンも次のように語る。

路上での音楽だけが僕の仕事。僕のやっているすべて。路上が好きなんだ。日本ではライブよりも路上のほうがたくさんのお金を稼げるしね。

彼のパフォーマンスはエレキギターとドラムセットによるカントリー・ミュージックの弾き語りである。彼はこれまでニュージーランドやシンガポールなどさまざまな国の路上で音楽活動をしてきたが、東京の路上ではヘブンアーティスト制度以前から特別に多くの金銭を得ることができたと教えてくれた。東京のオーディエンスの反応は非常によく、投げ銭ばかりではなく、路上で紹介している自分の作品への関心も高いらしい。アーティストによっては、一回のパフォーマンスで五、六万円以上稼ぐこともあるという。東南アジアや中南米などの発展途上国をはじめ諸外国から多くのストリート・パフォーマー

図3　アンザイノリエさん

やストリート・ミュージシャンが東京に出稼ぎに来る理由もここにあるようにおもわれる。

また、路上での表現活動を職業として考えるためには、大道芸人としてアコーディオンの演奏を行うアンザイノリエさんの発言も参考になる。アンザイさんのパフォーマンスは、両手を駆使してさまざまな楽曲を演奏しつつ、その曲調に合わせて足踏みをしたり、タンゴを器用に踊ったりするというものである。彼女の賑やかで軽やかな演奏と楽しげな表情や身振りに惹かれ、その周りにはいつも多くのオーディエンスが集まっている。アンザイさんは次のように語ってくれた。

アコーディオンだけで収入が得られます。月の収入はたぶん、同い年のOLよりも全然いいと思います。わたしは路上だけで、イベント仕事はあまりやりません。ライブハウスには興味のあるひとしか来ないから。元気のないひとはライブハウスになんか来ないけど、元気のないひとにこそ音楽が必要だから路上だけでやってます。

つまり、東京においては、ヘブンアーティスト制度を背景としつつ、大道芸やパフォーマンスといった路上実践のみを職業として生活していくことが可能なのであり、路上を中心としてストリート・アーティストの自己意識や社会的役割が形成されていると考えられるのである。彼らは路上をその表現活動の場のすべてとして捉え、それ自体を目的として生きているといえよう。つまり、彼らにとって、路上とはなによりもまず生きる場なのであり、表現活動とは生きるための手段、生活の糧なのである（現在路上のみで生きることは困難となっているが、この問題はのちに詳しく触れる）。

2-2　アーティスト、オーディエンス、都市空間

しかし、このような経済的問題だけでストリート・アーティストの職業意識を分析することはできないだろう。なぜなら、彼らには、さまざまな動機や展望があるにせよ――それを一般化するのはおそらく不可能だとおもう――、路上で表現活動や創造行為を行いたいという本源的な欲望があるからだ。ある有名な大道芸人は次のように語ってくれた。

それは生活のためっていうよりも、なんか自分の存在価値をそこに見出したいなぁと。路上でやり始

めたんで、それを見失っちゃいけないんじゃないかな。僕はこれまでずっと路上でやってきたし、できればこれからも路上でずっとやっていきたいっておもいますね。うん、路上で。

では、なぜストリート・アーティストは路上での表現活動にこだわるのだろうか。なぜ、そこに「自分の存在価値」のようなものを描き出すのだろうか。そこに私たちは彼らの意識を形成する「他者」の問題系を見出すことになる。路上で自分の身体を露呈しながら表現活動を行う彼らにとって、他者とはなによりもまずオーディエンスを意味する。私たちが調査したストリート・アーティストはみな、彼らの身体を取り囲むオーディエンスとの対話や交流をとても重視していた。ここには実際的問題としてオーディエンスからの投げ銭によって彼らの生活が担保されているという事実があるが、彼らの意識においてそれは副次的な問題にすぎない。アンザイさんは次のように感じているという。

第一はお金を得るためにやってるけど、やっぱり、誰も止まんなくて、ひとり寂しく弾いてて、お金持ちそうなおじさんが私の音楽一曲も聴かずに、一万円ポーンと入れてって去っていくと、一万円もらえるけど、それがうれしいかっていったら、全然そうではなくって、お客さんと目を合わせながら演奏してもらったお金のほうがうれしい。

うーん、どこでもいいんだけど、地元のひとになりたいっていうか。この前、いつも弾いてるところ

図4　アンザイノリエさんとオーディエンス

で、「私は明日で引っ越します。ここを通るといつもあなたのアコーディオンが聴けた。これからはさびしくなります」みたいな手紙をもらって、地元のひとになれたなーっていうか、ここ行けば私がいるっていうのになってんなーっておもって。

このようなオーディエンスとの対話や交流によって、ストリート・アーティストの活動意識が形成され、作品が生み出されていくのである。そして、彼女の発言からわかるように、彼らはそこにこそ、自分の存在価値を見出すのである。つまり、彼らの路上への強いこだわりは、オーディエンスとの関わり合いを通して組み立てられているのだ。この点に関して、雪竹さんは次のように語ってくれた。

図5　雪竹太郎さんとオーディエンス

作品を路上に放り出すことによって、自分の観念とか経験を超えた作品ができてくる可能性があるんですよ。僕がどんなに勉強して台本書いて作品つくったって、僕の観念と経験のレベルの作品しかできないけれども、それをひとにあずける、世界にあずけることによって、演出家であり作者である僕の意図を超えた作品になってくる可能性があるんだよね。自分の頭のなかの世界で生きてるのは、まぁ、おもしろくないってこと。自分のもってるもの、自分の観念、自分の経験を超えた世界で生きていたいって、作品もそうありたいってこと。いろんなことを経験したり勉強したり、その成果として作品を発表してるだけじゃつまらない。いままで経験してきたこと、勉強してきたこと、自分の考えてることを、お客さんと、あるいは街と、世界と突き合わせることによってもっと大きな作品ができる可能性がある。だから、台本がないのが一番いい状態っていうか理想的な状態のひとつなんだよね。そして、偶然が起こったときに僕は心開いて、それに耳傾けて、お客さん自身も耳を傾けるとその作品が広がるんだ。それがいわば最高の演出で、お客さんとの対話、世界とのコミュニケーションで広がるものなんだ。僕は、その時その場で、お客さんと僕のあいだで、生まれてくるものを大事にしたい。

この発言は、まさに雪竹さんの意識構造あるいはアイデンティティというべきものを表現している。ここで、彼の路上実践としての「作品」は、雪竹太郎自身（自己）と、彼を取り囲み共同作業をするオーディエンス（他者）、そして両者を包み込む都市空間（世界）との偶然的な関係性によって流動的に生成されるものとして提示されている。そして、雪竹さん自身がいうように、作品は、彼から他者へ、彼から世界へあずけられ、突き合わされることによって、彼の観念や経験の表象を超えた、つねに新しいものとして構築される。これが、雪竹さんにとって、そして路上のみを活動場所とするストリート・アーティストにとって表現活動を行うことの本質のひとつである。ストリート・アーティストの文化実践とは、彼ら自身のみならず、オーディエンスや都市空間との関係によってその都度編み出され編みなおされるものなのだ。

そして、このような関係がアーティストの活動意識を多様に形成していく。路上に生きる彼らにはもはや確固とした主体性はなく、他者や世界によってつねにすでに触発され変容されつづける情動や、剥き出しの感覚こそがある。したがって、ここでは、同一の作品であっても、それは演じられる時間や空間、アーティストとオーディエンスの関係によって、まったく異なった単独的な出来事として現象することになるだろう。ゆえに、ストリート・アーティストは、骰子一擲のごとく自分の身体をありのまま路上に曝し、オーディエンスや都市空間にすべてを委ねることにこだわりつづけ、偶然性や出来事にパフォーマンスの重点を置くのである。雪竹さんと同様に二〇年以上のキャリアをもつベテランの大道芸人も次のように語ってくれた。

たまたまお客さんが通りかかって、ほんとうにひとりでもふたりでも立ち止まってくれると、偶然にそれが広がっていくんですよ。偶然に左右されるから、路上って、一番厳しい場なんです。その日の天気とか場所とかで、雰囲気なんかまったく変わっちゃうし。でも、そのなかで、すごい時間かけてお客さんと触れ合いながら楽しんでいくものをやりたいんですよ。

こうして、路上は劇場へと変換される。しかしそこでは、オーディエンスは受動的にアーティストのパフォーマンスを傍観しているわけではなく、彼らと能動的に対話し交流することによって、彼らとともに作品をつくりあげているのである。そして、両者のあいだに複層的に重ねられ交錯した複数の視聴覚によって、多様に都市空間が組み立てられていく。このプロセスこそが、都市空間における「見る／見られる」「聞く／聞かれる」という主客の二元論的関係を超えた、路上の文化実践の実相にほかならない。なぜなら、ここではもはやアーティストとオーディエンスは主体と客体に分離されることなく、両者の意識が襞のように複雑に絡み合った世界のみが露呈されるからだ。路上とは、このような世界のイメージをさまざまに生成する舞台そのものなのである。

したがって、これまで考察してきたように、路上の芸術文化は、都市を生きるアーティストやオーディエンスにとって、あるいは彼らによって構築される都市空間それ自体にとって、欠かすことのできないパフォーマティヴな実践として意識されているということができるだろう。そして、それはまた、路上の表現活動を通して都市空間を生きる彼らにとっての「生存の美学」(フーコー)、「生存の様態」(ドゥルーズ)を意味するにちがいない。彼らはそれぞれパフォーマティヴな実践を意識的に行うことによって、路上を劇場として生き、都市空間を流動的に多様につくりあげているのである。そして、タネンバウムが明らかにしたように、このような実践を通して、さまざまな人々が行き交う路上に「共同体」の感覚が生まれていくのだ。

3　身体と管理の文化政治

3-1　失われていく路上

しかしながら、現在、このような路上の文化実践は、政治的権力やポリシングによって大きく変わりつつあるようにみえる。確かに、これまでも近代的権力は都市空間を規制し規律化するためにその力の行使をつづけてきたし、路上の表現活動はつねに権力によって排撃されてきた歴史をもつ――たとえば、一九六〇年に交付された道交法によって、大道芸は「道路における禁止行為等」のひとつとして規制されている――が、今日、権力のダイアグラムの根本的な転換にともなって、その実践には新たな変容がもたらされているのである。その現象のひとつを近年顕著に増加した都市部の再開発に見て取ることができるだろう。雪竹さんは次のように感じているという。

東京では昔から安心して大道芸ができるところはありませんでした。僕は、そのなかで、必ずオマワリさんやガードマンが来る可能性があることをわかったうえで、大道芸やってきたんだよね。だけど、ここ数年、ダンボールハウスが取り締まられて、やっぱり、街もいろいろ再開発できれいになったから、その管理もすごく厳しく行き届いてるんですよね。再開発されたところでは大道芸人がいなくなってきたようにおもいます。

つまり、ダンボールハウスの強制撤去や街の大規模な再開発というように、都市空間の管理が急激に進むにつれて、ストリート・アーティストの生きる場が現在どんどん失われているのである。また、この現象と呼応して、不法入国者の強制排除、歩行者天国の廃止、街頭監視カメラの増加、都や区による新たな条例の過剰な制定というように路上規制もますます強くなってきたように感じられる。

そして、路上で表現活動ができなくなった代わりに、その管理された街のなかで、その街づくりの一環として、大道芸やパフォーマンスが利用され始めた。再開発された街のランドマークや巨大なショッピングモール、あるいは放送局によるメディア・イベントのなかにストリート・アーティストの活動の場が置き換えられていく（日本テレビ「ART DAIDOUGEI」など）。そしてまた、東京都が主催する文化イベントや政治キャンペーンのなかに彼らの身体が組み込まれていく（都議選や衆院選の広報など）。したがって、アーティストのなかには、もはや路上のみで活動するのではなく、イベントやフェスティバルを生活の基盤とするものも少なくない。マジックを織り交ぜたパントマイムで私たちを楽しませてくれた大道芸人の次の発言はとても象徴的である。

道ではもうほとんどやらなくなってきてるね。できなくなってるし。今はショッピングモールとか学園祭とか商店街とかのイベントが僕のメインの仕事。

イベントを中心として活動する彼にとって、路上はもはやそれ自体が目的として生きられる劇場ではない。こうして、路上での表現活動にこだわりつづけるアーティストの意識や身体は、その存立基盤を失っていく。東京の新進アーティストの支援策や文化創造活動への公共空間の開放として実施されてきたヘブンアーティスト制度は、地域の活性化や商業振興、観光政策、街づくりといった行政の手段や道具として機能することになったのだ（東京都議会の議事録や石原慎太郎の発言を時系列的に参照すれば、より詳しく確認することができるだろう）。このような状況に関して、ある駅前の道路で活動していたストリート・ダンサーは次のように語ってくれた。

僕がやりたいことは、ストリートで自己表現することであって、それはぜったい行政に奉仕したり、街づくりに共同参加することじゃないんだけど、そうしないと管理が厳しいから何の表現活動もできなくなってきてる。

これは路上での表現活動のみを目的として生きるストリート・アーティストの意識にとって、とても大きな危機的状況ではないだろうか。なぜなら、いままでは警察や警備との関係もその活動の一部として成立してきた路上実践や、法律の編み目を掻い潜って形成されてきた路上文化そのものの可能性の条件が根本的に書き換えられ、もはや不可能に近い状況にされてしまうからだ。それは、路上のいたるところに環境を管理する権力が深く浸透していることを意味するだろう。実際、道交法で「道路」として定義される場所では、まれにしかストリート・アーティストを目にすることはできなくなってきているようにおもう。夜の賑やかな駅前の道路で、テクノ・ミュージックに合わせてロボット・ダンスを激しく踊り、行き交う人々の視線を釘付けにしていた、このストリート・ダンサーの重厚なパフォーマンスはもう見ることができないのかもしれない。

また、現在の路上において特徴的なのは、管理がその権力の行使を強化すればするほど、逆説的にフリーランスのストリート・アーティスト――その中心を占めるのは、自己快楽や開放感を求めて、あるいはマスメディアへの進出を目指して、路上を領有するミュージシャンだ――が増加することにある。しかしながら、これは管理強化に対する抵抗の身振りの増加を、（たとえば六〇～七〇年代の対抗的な路上文化や八〇年代の「ホコ天」文化のようには）意味するものでは決してない。逆に、抵抗的な理念なり特別な主張なりを持たないまま、彼らは路上を自分自身の利己的かつ私的な場として、管理権力と折り合いつつ利用する。管理権力のポリシングは彼らの身体と都市空間の編制を節合し、彼らはそのなかを戯れながらへドニスティックに生きてしまう。そして、彼らは主に文化産業による資本化や商業化を背景として、路上を私的空間化する（次章参照）。このような状況に関して、ある大道芸人は次のように語ってくれた。

最近、路上には大きな問題がたくさんある。四つとか五つとか、たくさんのバンド、それとたくさんのギター少年が、同じ場所にやってきて、みんな一斉に、同じ曲を、同時に、大音量で演奏するんだ。それですぐにオマワリさんがやってくる。そして、全員やめさせられる。僕は活動する場所をなくしちゃうってわけ。

こうして、管理や資本と馴れ合い、路上を私的に領有する存在者によっても、路上それ自体を目的として生きるアーティストは、その生きる場を確実に失ってしまうのである。

3-2 管理と抵抗

こうした状況のなかで、東京都の文化政策の一環として実施され始めたのが、ニューヨークのメトロアーティスト制度などを参考にしてつくられたヘブンアーティスト制度であった。ヘブンアーティスト制度とは、審査によって選定されたアーティストにライセンスを発行して、公共空間の一部を活動の場として提供するものである。決して道路を開放するものではないが、選定されたアーティストは公園や地下鉄の駅などの路上――社会学的ないし都市論的には、この空間は「第三空間」と考えられるもので、目的合理性に支配される第一空間（生産領域）の公性や、親密性にもとづく第二空間（再生産領域）の私性と混同されてはならない――で合法的に表現活動を行うことができ、投げ銭を得ることができる。しかしその反面、販売行為や投げ銭の強要、火気・刃物、アンプなどを禁止する取り決めのもと、東京都によって、アーティストの活動する時間や空間は強制的に規制され、その身体は直接的に管理されることになる。なぜなら、彼らの活動時間はコマ単位に振り分けられ、活動場所も数十ヶ所に限定され、そのうちで彼らの身体は矯正され、飼いならされるからだ。つまり、東京都では、行政によってアーティストの身体実践の禁止と許可が権威的に決定され、その時空間が管理されるという事態が生じているのである（同様に、二〇〇七年からは「井の頭公園 ART＊MRT」も実施されている）。

ヘブンアーティストのライセンスを取得して路上で表現活動をするためには、小沢昭一をはじめ、上島敏昭、西田敬一、橋本隆雄、三隅治雄らが審査員をつとめる審査会によって選定されなければならない。しかし、その審査のあり方、さらに審査自体に問題があると雪竹さんは考えている。なぜなら、短時間のうちに、明確な審査基準がないまま――あるいはその芸が稼げるかどうかといった曖昧な判断基準によって――、路上の実践美学が行政権力によってオーソライズされ、その特徴である偶然性や可能性が無化され、芸やパフォーマンスが階層化されてしまうおそれがあるからだ。そして、それはまた、流動的に放浪することで形成されてきた路上文化の歴史性を、身体や時空間の固定化によって、忘却へと引きずり込むことを意味しているようにもおもわれる。このような理由から、たとえば戦後日本を代表する大道芸人のギリヤーク尼ヶ崎のように、審査を強く拒みつづけるストリート・アーティストも少なからず存在する。この大道芸の審査というシステムに関して、雪竹さんは次のように語っている。

大道芸っていうのはね、いろんな状況でやるから、お金をどうやって稼いでそれで食っていくかということも、ひとにはうかがいしれないことがあるんですよね。大道芸でひとからお金をもらって生きていくっていうのは、いわば市民としての生き方から外れた、乞食とか、ヨーロッパならジプシーとか、いろんな歴史や文化を背景にして成り立ってるから、市民レベルの目線で、稼げるかどうかとか、プロかどうかとか、浅い見方で審査される筋合いのものじゃないし、そういうふうに見られるのはほんとうに嫌なんですね。そんなレベルで大道芸のことを見ているんであれば、審査員は大道芸のことを何も知らずに審査しているとしかおもえない。大道芸って、稼げる日も稼げない日もあるし、それこそたった一五分の時間でわかるはずはないとおもう。同じ人間が僕らの生き方を高みに立って、お前は資格があるとか資格がないとかというような審査をしてほしくないということが根本にあるんですよね。

ではなぜ、ストリート・アーティストのなかにはこのような審査を受けてまでヘブンアーティストのライセンスを取得しようとするものが存在するのだろうか。そして、彼らは自分の身体や活動の時空間を直接的に管理するヘブンアーティスト制度についていかに感じ、いかに語り、あるいはこの制度のなかをいかに生きているのだろうか。そこに私たちは管理社会と身体実践の文化政治的な関係の磁場を見出すことになる。その磁場とは、権力の「戦略」と、そのなかをなんとかやっていく審美的な「戦術」の対立や対抗（ド・セルトー）のみならず、両者がせめぎ合い絡み合いながら交渉したり駆引きしたりするアクチュアルな現場を意味する。それは、芸やパフォーマンスを「生存の美学」や「生存の様態」とするアーティストのアイデンティティやライフスタイル、主体化のプロセスにとって、もっとも重要な問題系にちがいない。また、それは同時に、アーティストとオーディエンスを取り囲む都市空間の管理権力の現実的な諸相でもあるはずである。ヘブンアーティストのライセンスを取得した理由に関する、あるバルーン・アーティストの次の発言はこのような状況を端的に表している。

昔はどうにかやってたけど、今はね、管理がほんとすごく厳しくて、オマワリさんも警備員もどこでもいるし、道路でやると司法の手にかかるし、作った作品に値段を付けてやると商法に引っかかるし。

自分たち、これじゃどうやっても生きてけないわけ。だから、ヘブンアーティストになんなきゃね、やってけないでしょ。自分は路上で食ってくって決めたから。でも、ほかでやっちゃだめなのね。ヘブンアーティストの場所でしかできないし、時間も区切られてるし。

このような見解はヘブンアーティスト制度以前から路上の文化実践を通して身一つで生活してきたストリート・アーティストに多かれ少なかれ共有されているようだ。現在の路上規制と表現活動の関係について、ある外国人のストリート・ミュージシャンも次のように語ってくれた。

昔は路上で儲かってたんだ。でも、最近はいたるところにポリスが歩き回ってるし、活動する場所がなくなって、稼げるお金がないんだよ。

制度ができる前のほうがよかったよ。ポリスとの関係も仕事のうちだったけど、自立していたし、自分が好きなだけ活動することができたから。今じゃ、制度のなかで許可取んなきゃ活動自体ができないからね。

先にもすでに見たように、管理の強化にともなって、ストリート・アーティストの生きる場は搾取され、その生活基盤はほとんど絶たれてしまった。しかし、路上にこだわって生計を立ててきた彼らは路上で活動していかなければならないし、なによりも彼ら自身がこれからも路上での表現活動を通して生きていきたいと切におもっている。そのために、彼らは、その芸を審査されてまでも、そしてその身体や活動の時空間を犠牲にしてまでも、ヘブンアーティストのライセンスを取得しなければならなかったのだ。つまり、彼らは、自分の表現活動ができなくなることよりも、審査され管理されつつも自分の表現活動がつづけられることを選択したのである。それは表現活動と生存様態を等号で結びつける彼らにとって選択肢の存在しない選択に限りなく近かったといってよい。彼らは、自立して主体的に表現活動をつづけていきたいということと、そのためには管理に従属していかなければならないということのあいだで揺れながら（主体化＝従属化）、行政やポリシングによって管理された都市空間のなかをなんとかやって生きているのである。そして、環境管理が一般的状況となっている現在、路上を劇場として、芸やパフォーマンスを手段として生きていくために、彼らのようにヘブンアーティスト制度に自身の身体を組み込んでいくアーティストが後を絶たない。

また、ヘブンアーティスト制度によって、従来の大道芸やパフォーマンスのあり方、アーティストとオーディエンスの関係にも少なからず変容が訪れている。アーティストの身体や活動の時空間が管理されるということは、それを見聞きするオーディエンスの身体や時空間、そして両者の対話や交流によって組み立てられる都市空間や路上文化が管理されるということを意味するからだ。そして、それはまた、彼らの意識や生の可能性を構成する偶然性や出来事が従来とは異なった意味を帯び始めることにもつながるだろう。アンザイさんは次のように感じているという。

ヘブンアーティストは、うん、お金のため。ヘブンアーティスト制度だと、一時間って決まっちゃってるから、さっきパフォーマンスの途中でおばさんが私に話しかけてきたけど、あのひとは今日ずっと聞いていてくれていて、「このごろ体壊しちゃって、肺炎なっちゃったの」とかいってて、もっと話をしたかったんだけど、時間が限られてるから「ごめんね」ってなっちゃうし。それがほんとはね、大道芸って、そういうのも仕事のうち。初対面だから、みんな結構なんでも話せちゃうから、自分の悩み事とか私に話しかけてきたりして。それに「えっ、そうなんですか」とかいうのも仕事のうちだとおもうんだけど、ヘブンアーティストではそういうの絶対できないから、それが大道芸としてはつまんない。ヘブンアーティストやりすぎると自分のためによくないっておもう。

彼女はヘブンアーティスト制度によってオーディエンスとの対話や交流ができなくなっていることに危惧を抱いている。なぜなら、それによって流動的に多様に生成されるパフォーマンスの時空間が固定化され、彼女の職業意識を構成する他者や世界の存在が希薄化してしまうからだ。それは偶然的に生み出される作品を規制し、また、作品をつくりあげていくアーティストとオーディエンスの関係を分断してしまうのである。したがって、ここでは、アーティストとオーディエンスの複層的な関わり合いを通して生じる出来事や、これらのパフォーマティヴな実践を通して構築される都市空間や路上文化が、厳密に管理された時空間のなかに閉じ込められてしまっていると考えられるだろう。さらに、アンザイさんはヘブンアーティスト制度以後の活動意識や活動様式の変化について次のようにつづけてくれた。

制度ができてから、ひとがいなかったり儲けになんなかったら、道に立てなくなってきて。前は誰かが聴いて喜んでくれればいいやとか、なんかそういう純粋な気持ちがあったけど、これができちゃうと、結構、上野公園とかも、たいした努力しなくてもひとは聞いてくれるし、それなりにお金になっちゃうから。ほんとは大道芸って、警察が来て止められちゃったりとか、ヤクザが来て場所代出せって脅されたりとか、そういうのがあるくせに、お金になるときとなんないときの差がすごく激しくって。大道芸って元来そういうもの、それがおもしろいところ。でも、それがちょっとこの制度で守られすぎちゃって、ほんとの部分ができなくなっちゃって、大道芸としてはちょっときれいすぎるかな、よくないなっておもってます。

彼女は、オーディエンスと交流したり、あるいは警察やヤクザと交渉したりしながらも、大道芸本来の表現活動をつづけていきたいという意識と、管理によって身体や時空間が規制され、大道芸本来の活動様式が放棄されなければ、表現活動そのものができないという意識のあいだに揺れながら立っているといえよう。すなわち、路上にこだわりつづけて生きていくアーティストの意識や身体は管理権力によって分裂し、二重化されているのである。

雪竹さんは、このような二重性――管理下での限定された活動の可能性と、自立した表現活動の不可能性――を生み出すヘブンアーティスト制度を「大道芸許可制度」であると同時に「大道芸不許可制度」であると表現してくれている。なぜなら、この制度は大道芸の本来の自立的なあり方を不許可にし、ライセンスを持たないアーティストを強制的に排除することによってはじめて、大道芸を許可しているからである。

大道芸の許可制度が敷かれ、否応なくその管理下に入っていく。自分たちに選択の余地はないように見える。しかし、この制度は僕たちが望んだものではない。活動の実際に適うものともいいがたい。

一般に、健全な都市にならい、大道芸文化は制度がなくても育つべきものである。制度がなければ大道芸文化が育たないとするなら、それは大道芸にではなく、むしろ都市のほうに問題がある、と考えるべきだろう。

さらに、雪竹さんは次のようにつづけている。

僕がこういったって、都庁の考え方が変わるとはおもわないけれども、こういうふうに発言するのとしないのとじゃ、僕は、大違いのような気がする。一〇年後、二〇年後の大道芸文化を見ていくうえで、意味はなくはないとおもうんだけど、どうだろうか。

管理権力はアーティストの意識や身体に深く浸透してきている。したがって、大道芸本来の表現活動を探求する雪竹さんにとっては、ヘブンアーティスト制度の内部から管理権力を問いつづけ、大道芸人は大道芸人であるというアイデンティティを持ちつづけることが重要となっている。彼は、この制度を管理権力による身体の直接的な飼いならしと捉え、具体的な身体実践と言説によって抵抗を試みているといえよう。管理権力は、彼の文化実践を政治実践として認識し囲い込みつづけるが、彼もまたそこから逃れるように都市空間に新たな時空間や出来事を発生させようと身体や言説のレベルで具体的に試みているということができるのだ。実際、雪竹さんやアンザイさんは、管理権力に抵抗し、大道芸人としてのアイデンティティを持ちつづけるために、ヘブンアーティスト制度の管轄外の時空間で、ポリシングを目の当たりにしながら、大道芸本来の様式に則ってパフォーマンスを行っているという。

3-3　迎合関係

しかしながら、現在の都市空間はこのような管理と抵抗の図式――政治権力の拡大強化と文化実践や身体表現による抗争――のみで記述することはできない。アーティストの表現や言説を切り出し、そこに都市を管理する権力への意識的な抵抗を見出すだけでは、管理社会の実相を描き出すことは不可能なのである。なぜなら、東京都がヘブンアーティスト制度を軸に都市空間を編制しなおし、路上文化への介入を強化しようとするのと同期して、ヘブンアーティストのライセンスを取得しようとするアーティストも増加しているからだ。管理と抵抗のみならず、両者の迎合関係がここに見て取れるようにおもわれる。すなわち、ストリート・アーティストがヘブンアーティスト制度を歓迎し、自らの身体を管理のなかに次々と組み込んでいくという事態が生じているのだ。ここにはヘブンアーティスト制度に対して雪竹さんのような管理に対する抵抗的身振りを見ることはできない——彼自身も「むしろ自分はすごく異端的な考え方をもってる」と口にしている——。逆に、この制度を無批判のまま、好意を持って手厚く迎え入れるアーティストがとても多くなっているようにおもわれるのだ。ヘブンアーティストたちの次のような発言はこの事態を適確に指し示しているだろう。

ヘブンアーティストって、すごくいい制度だとおもう。なんたって、警察を気にしないで、堂々とパフォーマンスに没頭できるからね。

行政って、大道芸は取り締まるものとして考えてて、なかなか許可がおりなかったけど、今回、石原都知事がいったから実現した。じゃ、ライセンスいただこうかなって。

堂々とできることでお客さんの認知が高まった。うん、大道芸人の立場を向上させたとおもいますね。日本でもね、外国のように投げ銭だけで生活できるようになった。

ここにはもはや、主体=従属の体系や、身体や意識の二重化、管理と抵抗の図式は作動していない。

そうではなく、ここには管理する権力と管理されるアーティストの折衝ないし共振がある。これは東京都とアーティストが、都市空間の認識方法という点において、共通了解を築き上げていることを意味する。彼らは、身体を管理し、活動の時空間を規制する権力、それゆえに生きる場の安全を保証し、調整する権力のなかを、動物的に生きているのだ。実際、彼らのなかには、ヘブンアーティスト制度を管理権力として意識することのないまま、自由にその表現活動を行っていると考えているひとも存在している。また、管理された都市空間を身体にとって透明なものとして受け入れているひとも少なくない。そしてここでは、彼ら自身がそのような管理を無意識的に求め、迎合しているのである。したがって、もはや、このようなアーティストにとっては、流動的に放浪したり、警察や行政や法と抗争したりすることで形成されてきた路上文化特有の歴史性は意味をなさないということができるだろう。彼らは固定化された時空間のなかで、管理された路上を非歴史的に生きているのである。

さらに、このような社会においては、彼らはアクチュアルな空間のみならず、ヴァーチャルな空間においても管理されている。なぜなら、彼らは管理された路上で活動するのと同時に、東京都生活文化局のウェブサイトによってもまた管理されているからだ。このウェブサイトでは、すべてのヘブンアーティストの名前や芸のジャンルといった属性だけでなく、彼らがいつどこで活動したか、またいつどこで活動する予定か、といった情報がデータベース化されている。このような状況に関して、あるヘブンアーティストは次のように語っている。

ヘブンアーティストのホームページに俺の名前もスケジュールも載ってるし、メールも書いてある。そこから、俺のホームページにも行けるから、見てみてよ。

東京都生活文化局のウェブサイトを見ればわかるように、ヘブンアーティストのなかにはこのようにデータベース化された情報空間のなかを路上と同じように生きているひとが数多く存在する。彼らは、ヴァーチャルに管理されたメディア空間のなかに、自分のホームページやEメールのアドレスを掲載することによって、アクチュアルに管理された都市空間と同じようにオーディエンスとの対話や交流を図ったり、そこに蓄積された情報を介して、イベントの仕事やマスメディアへの出演の依頼などを受け入れたりしているのである。路上文化の歴史性が忘却され、情報アーカイヴと化した都市空間とインターネット上のデータベースとが重なり合う場——都市とメディアが交叉するところ——で、二重の管理を享受する意識や身体がここに見て取れるだろう。あるいは、アクチュアルな空間とヴァーチャルな空間のあいだの空間にアーティストの意識や身体が位置し、管理権力はその空間に網の目のように広がっているとも考えられる。そして、ヘブンアーティスト制度を迎合するこれらの発言からわかるように、管理権力はその痕跡を不可視としたまま、もはや自覚されえない。こうして、アーティストの身体実践や、それを見聞きするオーディエンス、さらに両者間の複層的な視聴覚によって組み立てられる都市空間は、管理権力と共振関係を築き上げていく。これが現在の管理社会における身体と都市空間の関係であり、文化政治的な磁場の実相にほかならない。

column 03
社会調査の経験

初めて社会調査に乗り出した私たちにとって、路上の表現者たちへのインタビューは毎回が苦労と発見の連続だった。二〇〇四年六月に試みた初回の調査では大雨が降り、梅雨が明ければ記録的猛暑となった夏の暑さに苦しめられた。

調査にあたって最も苦労したのは、参与観察者としての私たち自身の身の処し方だった。ストリート・アーティストはオーディエンスとの間に、ひとつの「場」とでも呼ぶしかない独特の関係性を築きあげる。私たちが不用意な行動を取ることはその場を乱しかねないのだ。そしてそれはその芸を生活の糧とする人たちにとってはもちろんのこと、路上を舞台として表現するあらゆる人にとって致命的なものである。実際に彼らの作る「場」に身を置くことで、私たちは必然的にその緊張感に直面することになった。

できるだけ他のオーディエンスにとけ込み、目立たないように気を遣いつつ観察する。芸が終了しても、人の輪はそれほどすぐには消えない。人が掃けるのをやや遠くから辛抱強く待ち、おもむろに近づきインタビューを申し込む。ビデオ撮影を行ったが、カメラの暴力性が「場」の形成に影響するのではないかということも気になった。

苦労の連続の一方、経験の少なさを代償として備えていた年齢の若さがよい方向に働いたこともあった。代々木や渋谷の調査ではインフォーマントはほとんどが一〇代から二〇代の若者だった。そのおかげで、比較的親密な関係を彼らとの間に持つことができ、実直な回答が引き出せたケースもあったように思う。

参与観察をするということは、その「場」の関係性のなかに調査者自身が参入することである。数多くのインフォーマントとの関わりを振り返れば、ひとつひとつの出会いが確かに自分のなかに蓄積し、経験となって自らに影響を与えているのを自覚する。実際に調査に出ることは、書物を通して学んだだけでは得られない鋭さでそれを理解させてくれた。（佐藤清子）

したがって、これまで考察してきたように、東京の都市空間や路上は、管理、抵抗、両者の迎合といった複層的な問題系によって、さまざまなかたちに変奏されながら組み立てられていると考えられる。そこでは、ストリート・アーティストの身体実践も、それぞれの路上の捉え方や使い方、政治や文化への身振り、歴史への反省と忘却、あるいはメディアとの関わり方によって、さまざまなかたちで形成されているのではないだろうか。そして、都市空間を管理しようとする権力は、そのさまざまな文化実践をそのうちにありのまま取り込み、アクチュアルかつヴァーチャルにデータベース化しながら、アーティストの生きる場を、その意識や身体をラディカルに書き換えつづけているのである。

4　路上へのまなざし、路上からのまなざし

本稿ではこれまで、ストリート・アーティストの身体実践や彼らが語ってくれたさまざまな言葉を通して浮かび上がってくる、路上や都市空間の文化政治的な問題系を経験的に描き出すことにつとめてきた。私たちは、アーティストの表現の文化実践を、職業意識やオーディエンス、都市空間との複層的な関係から分析し、また、管理権力やヘブンアーティスト制度と身体実践の関わり合いを、抵抗や迎合という側面から考察してきた。

現在、アーティストを取り囲む都市空間は、東京都の文化政策や都市部の再開発、街頭監視の強化など、さまざまな管理権力によって大きく変わりつづけている。また、それと同期するようにして、メデ

ィア環境の根本的な変容や、それにともなう商業化あるいは資本化によっても都市空間は再編制されつづけている。そしてそのなかで、アーティストは、管理化や資本化にそれぞれ対応したり衝突したり抵抗したりしながら、多様な表現活動を路上の文化実践として行っている。路上とは、管理や行政、資本や商業、そして歩行者の交通のなかで、アーティストやオーディエンスの審美的手段による文化政治的な実践が惹起し、せめぎあう場にほかならない。

しかし、この文化政治的な場は、アーティストと都市空間、そして管理権力がボロメオの輪のように重なり合った共通認識や共通了解の場としても記述されうるのだった。また同時に、インターネットのデータベースをはじめとしたメディア空間においても、同様の共振関係や迎合関係が築き上げられている。これは管理と抵抗といった言説では捉え損なってしまう残余のようなものが、アクチュアルな空間にもヴァーチャルな空間にも広く浸透していることを意味する。そして、このような事態を通して、管理権力や資本は、都市空間を生きるアーティストやオーディエンスの意識や身体と深く関わり、都市空間そのものの存立様態をその根本から書き換えていく。それは彼らの「生存の美学」や「生存の様態」を通して生成される出来事と、それを囲い込む管理権力の文化政治的な交渉や駆引きによって、私たちが生きる路上の姿が変容されていることを指し示している。

路上を生きるアーティストに今後の展望について尋ねてみると、みな口を揃えて、路上での表現活動をつづけていきたい、と語ってくれる。東京都もまた、ヘブンアーティスト制度を拡大しつづけていく、ということだ。したがって、身体実践や管理権力の文化政治的なせめぎあいは、さらに私たちの生きる都市空間を変容させていくにちがいない。そしてそこには、資本やメディアが深く関わってくることになるだろう。ここで重要なことは、このような状況のなかで、私たちが、大道芸やストリート・パフォーマンスといった路上の文化実践を見つめなおし、管理や資本、メディアについて再考し、都市空間をオルタナティヴに再定義していくことにほかならない。無意識的に拡がっている管理権力や変容しつづける都市空間を、その内側から、いかにして捉えなおし批判していくかが、私たちには問われているのである。そして、そのためには、路上へのまなざし、あるいは路上からのまなざしそれ自体を問題化しなければならない。このような意味で、本稿で試みた、ストリート・アーティストの身体実践や言説の経験的分析によって、都市空間における文化政治的編制の磁場を考察するための小さな切っ掛けを提示できたのではないかとおもう。

（中路武士）

2　ストリートとメディアの文化経済学

ここでは、東京のストリート・アーティストたちがメディアとどのような関係を結んでいるのか、そして、それによって東京の路上が持つ機能とイメージはどのように変容しているのかについて考察する。

1　メディアの捉え方の違い

アーティストたちが既存のメディアに対してどのような態度を取るのか、そしてインターネットに代表される新しいメディアをどのように活用しているのかという問題は、彼らの舞台となっている東京の路上が、彼らにとってどのような意味を持つ空間なのかということと大きく関わってくる。それゆえに、私たちが出会ったアーティストたちを、彼らがどのように路上を意味づけるかによって、三つに分類したうえで議論を進めることにする。はじめに各グループのアーティストたちのメディア認識と利用状況を類型化しておこう。

グループA　路上を「通過点」として捉えているアーティストたち

一つ目は、目指している舞台が確保できたら路上を去ることが予想されるアーティストたちである。代々木と渋谷で調査したほとんどのミュージシャンたちがこの分類にあたる。彼らにとって路上はメジャー・デビューもしくはプロへ至るために通るべき修練と表現の場であり、大半の場合、そこを通過点としてマスメディアの世界への進出を目論んでいる。

そして、彼らのほとんどは、路上パフォーマンスの際にプロフィールやスケジュールなどを書いたチラシを観客に渡しており、そこには必ずインターネットのホームページ・アドレスが明記されている。路上にアーティストが溢れるようになった背景にはインターネットの普及と個人ホームページの一般化という重要な要因があるのではないか。ホームページを有すること、そしてそこへと誘導する個人メディア（チラシや名刺）を配ることにより、路上という舞台はそこで終わることなく、インターネットという自由自在なプロモーション・メディアへ、また次のストリート・パフォーマンスや他のステージへと繋がっていくのである。

グループB　路上を「補助的舞台」として捉えているアーティストたち

二つ目は、イベントやショーなどが、主な生計手段となっており、路上ではない他の場で活動しながら、修行や練習、宣伝や副収入を求めて路上に出続けるアーティストたちである。調査に応じてくれた大道芸人の半分以上がここに含まれる。グループAと決定的に異なる点は、彼らにとって路上はマスメディアの世界へと至るべき通過点ではなく、マスメディアの世界と並立しうる修行や宣伝の場であるということだ。たとえマスメディアの世界に参加しようとも、その一方で路上は往復される舞台として活用されているのである。

彼らのほとんどは自分のホームページを持っており、路上で配るチラシを見た観客がそこに訪れることを期待している。さらに、ヘブンアーティストの場合は東京都のウェブサイトから観客が辿り着く場合もあると考えられる。彼らがホームページを運営する第一の目的は「営業」または「宣伝」である。グループAに分類したアーティストたちと目指すところは違うものの、路上で出会った人々を「顧客」や「常連」、「ファン」にするために、個人の宣伝メディアを駆使している点は共通するだろう。また、彼らはマスコミに取り上げられることを期待し、取り上げられたことを宣伝しているが、それは活動舞台をマスコミに移したいからではなく、マスコミに取り上げられることが顧客を確保するための宣伝効果となるからだろう。

グループC　路上を「唯一の舞台」として捉えているアーティストたち

三つ目は、路上でこそ自らの本当のパフォーマンスが可能であるという立場をとるアーティストたちのグループである。彼らは始発点かつ終着点としての路上に立ち続ける。偶然性に身を委ねながら、たまたま通りかかる人々と出会うこと、そうした人々との間でパフォーマンスを作り出すことこそが、彼らのアーティストとしてのアイデンティティを成り立たせる。路上でのパフォーマンスは、イベントや劇場でのそれとは代替不可能なものとしてはっきりと意識されている。その確固たる認識は、時に路上という空間のあり方や、芸能の歴史や文化に対する自覚や反省へと繋がっていく（前章参照）。

したがって、メディアの媒介や波及力が彼らには必要でないように思われる。私たちが行った調査に限っては、路上にこだわるアーティストのなかにはホームページを公開しているひとは少なく、Eメール・アドレスなど連絡先が分かるものも配っていなかった。この点において、路上パフォーマンスを通じて出会った人々との関係を継続したり、あるいは違うかたちの関係、例えばイベント依頼者とエンターテイナー、スターとファンとして再び会うことを希望していたりするグループAやグループBと明確に区別される。

後の議論の展開を容易にするために、調査したアーティストたちを分類してみると、次の表のようになる。この表では、聞き取り調査に応じてくれた全二四組のうち、メディアに関する発言や間接的な情報のないアーティストを除いた一九組をまとめている。そのうち、ホームページを持っていない（あるいは公開しない、または検索しても見当たらない）アーティストは、グループAで一組（ソロ歌手M）、グループCで二組（ソロ歌手N、大道芸人Yさん）のみだった。

分類	アーティスト名	チーム構成、パフォーマンス内容	主な路上活動場所
グループA	バンドR	男性4人組、バンド	渋谷、代々木公園
	アイドルH	男性、ローラースケート・ダンス、歌	代々木公園、横浜
	ダンスグループD	男性7人組、アクロバットダンス	代々木公園
	ダンスグループS	女性3人組、ダンス、歌	代々木公園、桜木町
	劇団T	男女9人組、寸劇、ショートコント	代々木公園、新宿
	ソロ歌手M	男性、ギター演奏、歌	代々木公園、吉祥寺
	ソロ歌手O	女性、キーボード演奏と歌	代々木公園
	バンドM	男性2人組、バンド	渋谷、浦安
	バンドC	男性5人組、バンド	全国（福岡在住）
	バンドF	男性4人組、バンド	渋谷、新宿
グループB	ダンサーK	男性、ダンス	渋谷
	大道芸人G	男性、バルーン・パフォーマンス	上野公園
	大道芸人T	男性、工具演奏	上野公園
	サックス奏者S	男性、ボサノバ演奏の2人組みのメンバー	上野御徒町駅
	大道芸人M	男性、風船パフォーマンス	井の頭公園
	大道芸人Y	男性、パントマイムマジック	井の頭公園
グループC	ソロ歌手N	男性、海外出身、ギターと歌	上野公園
	大道芸人A	女性、アコーディオン・パフォーマンス	上野公園他
	大道芸人Y	男性、パントマイム基調のパフォーマンス	上野公園他

表　路上の捉え方によるアーティスト分類

2　ゆず、そして神話の定型化

ところで、メディアをキーワードとした分析に入る前に、ストリート出身のアーティストの代名詞となった「ゆず」について少し触れておきたい。なぜなら、ゆずと、ゆずをめぐる音楽産業とマスメディアの言説が、今日の「ストリート」というステージを形成した決定的な要因の一つだと思うからである。私たちが路上で出会ったアーティストの多く、特にグループAのアーティストたちが、路上に対して現在のような認識を持ち、そこに出るようになったのは、ゆずに代表されるストリートの神話、そして続々と生まれてくる類似例の存在に大きく影響されたと考えられる。増田（2004）によれば、「こんにちの路上ブームの発生には、ゆずの影響が大きい。彼らの成功をきっかけに、街にフォーク少年たちがあふれ出した。ほんの五、六年前には路上で歌うミュージシャンなどほとんど見受けられなかった」。ここで「ゆずと路上」を語ることは、グループAのアーティストのみに関連することではない。なぜなら、メジャー・デビューを目指している人たちであれ大道芸を続けている人たちであれ、路上に出ることに対する彼らの抵抗感の弱まりや彼らに対する私たちの視線の変化全般が、「路上のギター少年から大衆のスターへ」という「ゆず神話」と直接的あるいは間接的な関係を持っていると考えられるからだ。そしてさらに、「ゆず神話」が誕生した背景には、彼ら自身でさえ考えなかったかもしれない、マスメディアとの密接な関係があったとも思われるのである。

2-1 九六年のストリートとゆず

一九九六年四月、北川悠仁と岩沢厚治は、ゆずを結成してすぐに路上デビューした。路上に出始めたことが彼らのホームページで「デビュー」と称されていることは興味深い。当時の彼らはおそらくそれを「デビュー」だとは思っていなかっただろうから、後で戦略的に路上を「ステージ」に格上げしたと考えられる。

当時の状況について、岩沢は「普通にのんべんだらりとやっていた」(「ゆずの六年半」『ROCKIN' ON JAPAN』二〇〇二年一一月号、一〇四―一一一頁、以下の引用も同様)と振り返る。また、北川はこう語る。

路上ライブをやりながらも、こんなことやってても始まんないって言うか。そん時、僕らはこのまま路上でやってちゃいけないと思ってたんです。ちゃんとライブハウスとか行かなきゃいけないって……。

これらの言葉から、ゆずの路上デビューには何の戦略も具体的な計画もなかったということがうかがわれる。ゆずは路上ライブを始めてしばらくは、グループ名を知らせようともしなかったらしい。路上ライブを約一年も続けた後、やっと「じゃあゆずの名前を覚えてもらうために看板を作ろうとか曲の前に喋ってみんのがいいんじゃないかとか」と話し合い始めた。また、今ではプロになりたがるアマチュア・アーティストに必須とも言えるデモテープを作ったのもこの頃である。岩沢が路上デビューして四年、ゆずの路上デビューからは一年も経ってからのことなのだ。

このような事実からまず考えられることは、ゆず以来始まった、ストリートの使い方の形式化ないし洗練化である。グループAのようなアーティストたちは、いつかは去ることになるだろうストリートでの時間を有効に使うための方法を熟知し、共有している。彼らはみな、チーム名の看板、プロフィール、活動スケジュールとホームページ・アドレスを書いたチラシやポスターを持参しており、ミュージシャンは多くの場合、MDやCDを配布または販売していた。要するに、今日の東京のアーティストたちが素朴ではあるものの、それなりの広報戦略を共有し実行しているのとは対照的に、一九九六年のゆずは伊勢佐木町で「あぶれてたっていうか、どこにも属せなくてやり始め」て、色々なスタイルを工夫し、試していたのだ。

2-2 神話の誕生と再現

しかし、ゆずが専ら路上で歌っていた期間は意外と長くない。すなわち、「あぶれてたっていうか、どこにも属せなくて」路上で歌っていたゆずは、マスメディアや音楽産業と直接的に関係することになってから、路上の使い方を変えたのである。結成とほぼ同時に路上ライブを開始したのが一九九六年だが、その年の一一月になると、北川が新宿ミロードで『サタデーナイトスペシャル』というラジオ番組のDJを務め始め、翌年四月からは岩沢も同ラジオでレギュラー出演をすることになった。結成当時、ゆずはストリートを十分に活用することができなかったものの、「ラジオと路上を組み合わせながら客を掴んでいた」（古河晋、同記事インタビュアー）といわれるように、間もなく、私たちが出会った路上アーティストたちよりもはるかに効果的なメディア・ミックスを駆使するようになる。一九九七年に入るとゆずは、もはやただの路上のギター少年とは呼べないほどに、多彩な活動を幅広く行っていく。一九九八年の六月にメジャー・デビューし大ブレイクするまでに、二枚のミニアルバムを出しながら、野外イベントやライブハウスの「ちゃんとした」ステージとラジオ番組などで活動するのである。

一方、一九九七年四月になると、路上ライブは「毎週日曜日二三時からの形式」になる。この時期すでにゆずは、ステージがなくて路上に出る段階、もしくは多くの人々に出会うために路上に出る段階を超えていた。一九九七年にゆずは現在の所属会社に身を置くようになるが、「ちゃんとした」デビューが決まってからもストリート・ライブを続けた経緯について、次のように語る。

「君達は路上でやってることがカッコいいから、そのままデビューとか何の関係なく、とりあえずここで今やれることを頑張ってみなよ」と言われてはじめて、自分たちが否定してきたものをドカン！と肯定されたんですよね。で、結構色々混沌としていた迷いが、「あ、これでいいんだ」、「じゃあやってみよう」って思うようになったんです。

この時から、ゆずのストリート神話は計算され始動したのではないだろうか。換言すると、一九九七年四月の時点から一九九八年八月までの「毎週日曜日二三時からの路上ライブ」は、路上出身というイメージを確固たるものにするために音楽産業が演出した、路上というメディアへの出演だったのである。

要するに、ゆずからストリートのイメージを読み取り、路上と他のメディアやステージを適切にミックスした音楽産業の企画力と、路上とゆずを絶えずリンクさせ想起させるマスメディアの戦略こそが、ゆずの「神話」を誕生させたと言えるだろう。そしてその神話を再現するために、マスメディアは今でもストリートを利用し続けている。実際、ゆず以降にもストリートからは「神話」や「伝説」が繰り返し生み出されている。デビュー前に連日連夜、渋谷駅のハチ公前で路上ライブを行っていた「Do As Infinity」、華々しいデビューを果たした後も路上ライブを続ける姿が幾度もテレビ画面を飾った路上の天使こと「川島あい」、そして、ゆず同様、男性フォーク・デュオ「コブクロ」などは、路上の神話を継承したアーティストの代表格であろう。さらに最近では、ストリートからスターへという順番が逆転したケースもあった。「WaT」の例で代表されるように、すでにメジャーな世界に入っている「スター」が、ミュージシャンとして「真正性」を認めてもらうために、ストリートに「戻った」のである。

このように「ストリートの神話」が確立し、音楽産業とマスメディアによって構成され、繰り返し強調されるなかで、今やストリートは、プロあるいはメジャーへの夢を叶えるために考えられる、一般的かつ不可欠なステップとして、そのイメージが形成されるようになった。

3　マスメディアとストリート・イメージの拡大

実際に「ストリート時代」を送っているアーティストたちに話を戻そう。「伝説」が絶えず生まれる今日のストリートに立っているアーティストたちが、メディアとどのように関わりながら夢を追い続けているのか、彼らの発言とメディアの利用例を手がかりに明らかにしていく。

3-1　マスメディアとストリート・アーティストの連携

前述のとおり、マスメディアは路上のアーティストが自らの領域に入ってくることを歓迎してきたと言える。しかし現在、マスメディアはより直接的にストリートに介入している。ストリートの動きを素材にすることはもちろん、アーティストの発掘、ストリート・パフォーマーの応援、そして彼らをスター視する「ストリート・ファン」の形成に立ち入り始めているのである。

ストリートと最も直接的に付き合っているのは、テレビ朝日の番組『ストリートファイターズ』（以下、『ストファイ』）である。番組紹介のホームページによると、『ストファイ』は「全国のストリート・カルチャーとストリート・アーティストを発掘、紹介し、応援する日本初のテレビ番組」だ。『ストファイ』は日本全国を七つのエリアに分け、各エリアのストリート・カルチャーの様子と最新情報、注目のストリート・アーティストを紹介する。また番組の放映のほかにも、視聴者とストリート・ファンの投票によるランキングやアーティスト情報などを中心とするホームページを運営したり、ストリート出身のアー

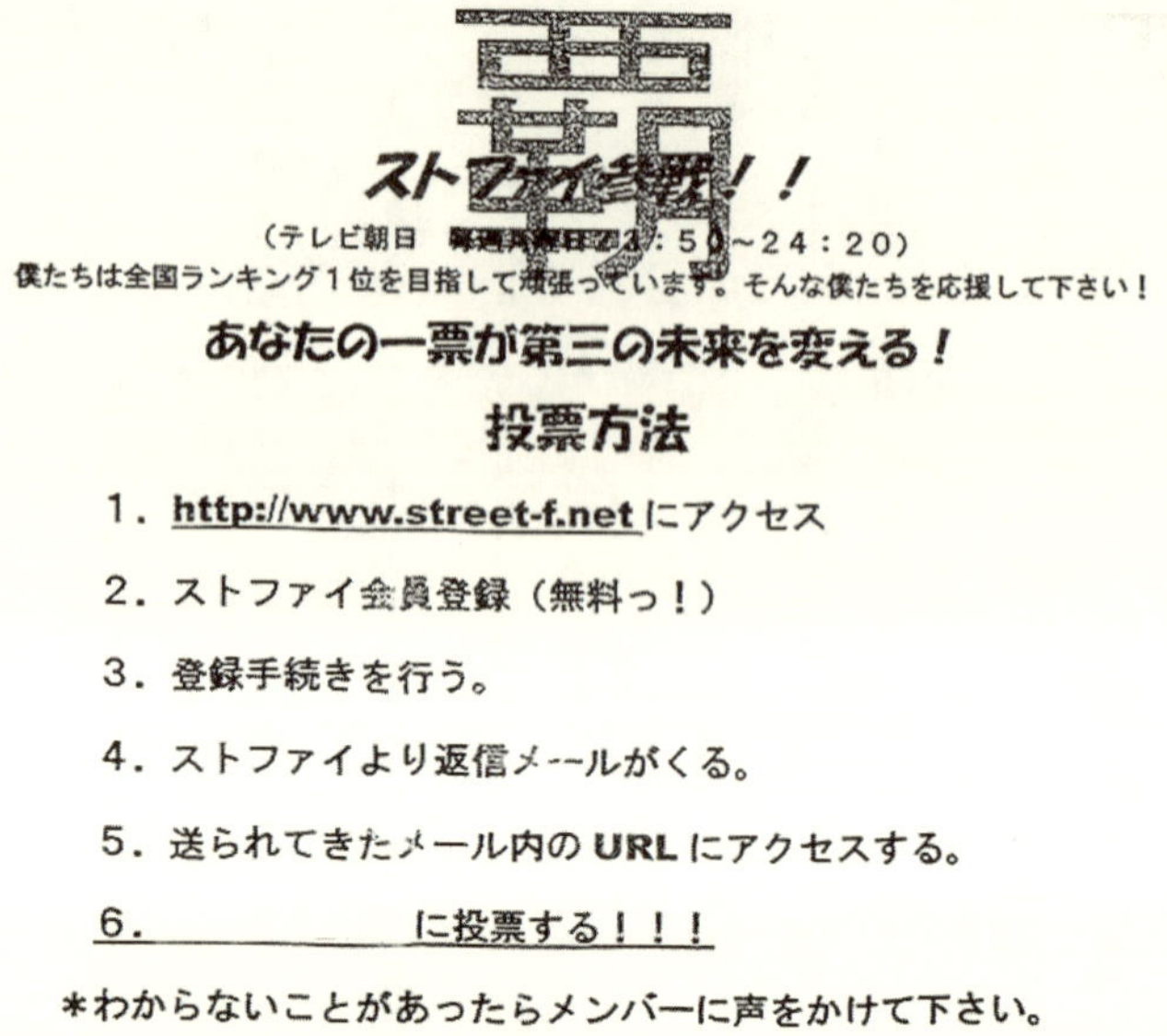
覇
ストファイ参戦！！
（テレビ朝日　毎週月曜日23：50～24：20）
僕たちは全国ランキング１位を目指して頑張っています。そんな僕たちを応援して下さい！

あなたの一票が第三の未来を変える！

投票方法

1．http://www.street-f.net にアクセス
2．ストファイ会員登録（無料っ！）
3．登録手続きを行う。
4．ストファイより返信メールがくる。
5．送られてきたメール内の URL にアクセスする。
6．　　　　　　に投票する！！！

＊わからないことがあったらメンバーに声をかけて下さい。

図1　『ストファイ』の投票方法が書いてある「ダンスグループD」のチラシ

ティストや現役ストリート・アーティストが参加する大型コンサートを開催したりと、意欲的にストリート・シーンの拡大に力を入れている。

このように「ストリート・カルチャーのムーブメントを起こそう」と高々と叫んでいる『ストファイ』に、私たちが街で出会ったアーティストのうち二つのグループが関わっていた。渋谷NHKホール前で毎週日曜日にストリート・パフォーマンスを行うという男性七人組みの「ダンスグループD」は、『ストファイ』の投票を依頼する小さなチラシを配っていた（図1）。ずっとストリートでやっていくのかとの質問に、「ダンスグループD」のメンバーの一人は、こう言った。

ストリート専門でやっていますけど、これか

ら、まあ、いろいろと。

彼らにはマネージャーがいて、次のように付け加えた。

もう、彼らは年内にはプロになりますから。年内、CDとDVDと、あと来春までには彼らが主演の映画まで決まっていますから。

プロへの道が開かれているにもかかわらず、彼らは路上に出続け『ストファイ』制覇を狙っている。ゆずが「路上ライブをやりながらも、こんなことやってても始まんない」と思っていたこととは対照的な例だ。彼らにとってストリートは、デビューのための修練の場や観客の反応を確かめることのできる場であるというだけではない。ストリートでのアピールに成功すると、そこで掴んだ客を他の媒体、それもテレビが主管するマスメディアに誘うのである。「ダンスグループD」が配っていたチラシには、プロフィールや彼らのホームページ・アドレスなどは一切書かれていない。なぜなら、『ストファイ』のウェブサイトにアクセスすれば、より洗練されたデザインのアーティスト紹介ページが用意されており、そこから彼らの公式ホームページにジャンプすることができるからだ。テレビが大々的に行っているプロジェクトに参加していること自体が、ストリートで注目を集めるために有利なのかもしれない。

深夜の渋谷駅前でポップな曲を演奏していた福岡出身の「バンドC」からもらったチラシにも、『スト

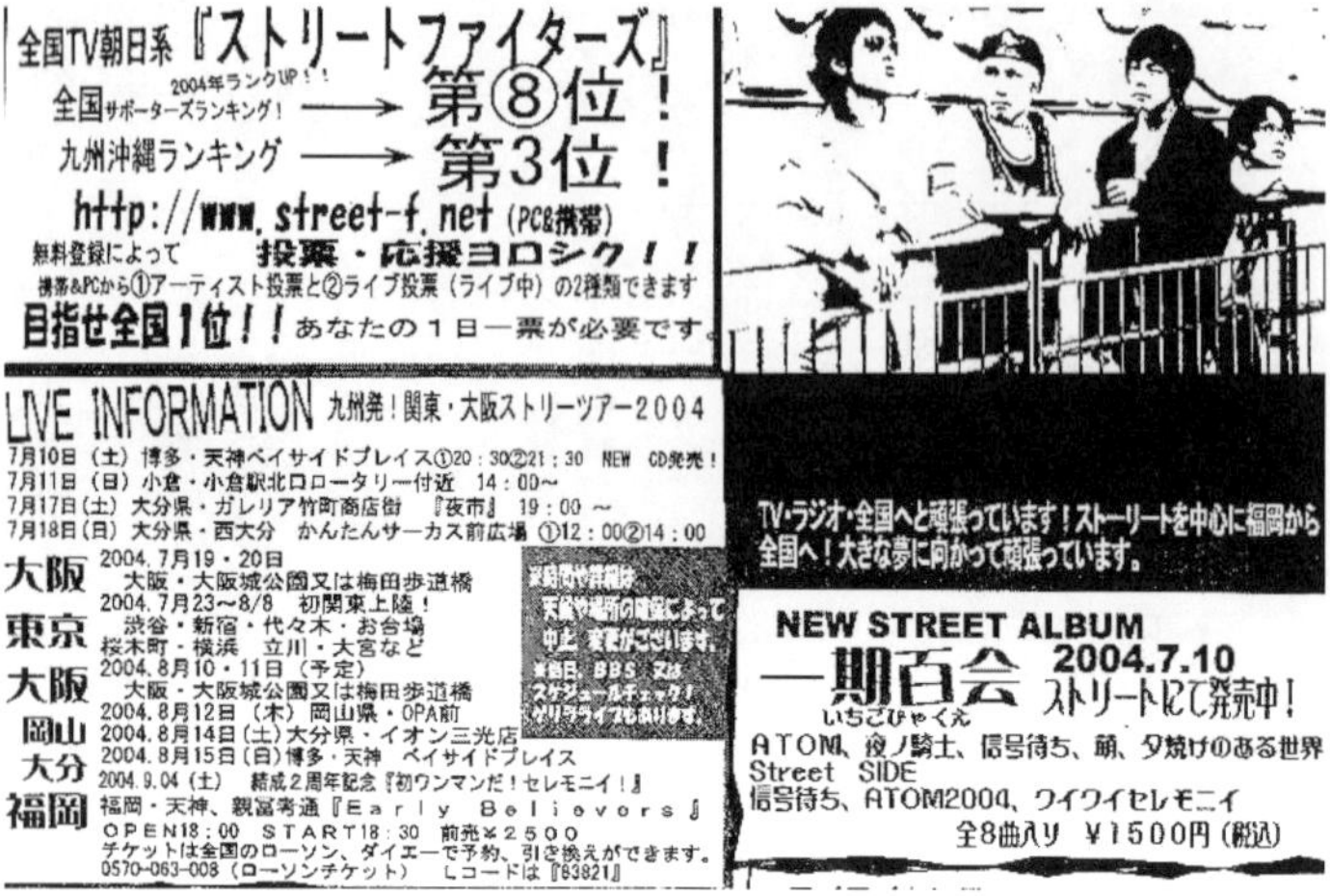

図2 『ストファイ』の投票依頼とライブ情報などを載せた「バンドC」のチラシ

ファイ』のことが大きく書いてあった（図2）。全国一位を目指して路上ライブツアーを関東地区まで広げていると言う。彼らがストリートで演奏し始めたのは一年前のことである。それ以前はライブハウスで活動してきたが、渋谷駅前で演奏しているバンドを見つけたことをきっかけに、地元の福岡に帰ってストリートでの演奏を始めた。彼らによると、福岡にもストリート・アーティストは結構いるが、バンドはあまり見かけたことがなかったと言う。「福岡はバンドが盛んなイメージがある」と話したら、

でも、バンドはライブハウスで、一人とか二人とか、そういった人たちは路上で、という、大きく分かれていますね。

という図式を説明してくれた。この図式はおそらく、福岡だけでなく地方都市のどこにでも当てはまるよう

に思われる。バンドの場合、音の大きさや音響、装備などの関係で路上にステージを立てること自体が簡単ではないからである。また、音楽ジャンルの性格上、路上ではパフォーマンスに似合う雰囲気を作るのも難しい。

しかし、ギター少年はほとんど見当たらず、むしろバンドたちが競い合うように大音量を鳴らす深夜の渋谷駅前のストリートは、音楽を聴いてもらうための「代案としてのステージ」ではなくなっていた。つまり、彼らが第二、第三のゆずを目指して路上で歌い続けていると言い切ることはできない。マスメディアとの連携のうえであれば、ストリート・アーティストであることは、ライブハウスでの活動やレコード会社にデモCDを送ることより、メジャー・デビューのための有効な方法になりつつあるのかもしれない。さらに、「ストリート出身」というキャリアは、デビュー後にも誇らしい経歴として使えるということを、数多くの「伝説」が証明してくれているのである。

次に触れたいのは代々木公園で出会った「バンドR」。「バンドR」は、私たちが調査したアーティストたちのなかで最も「プロっぽい」宣伝ツールを駆使していたチームだった。しかし、彼らによれば、メインはライブハウスで、あくまでも「宣伝方法のひとつとして」ストリートを利用しているということだ。彼らは、『Yokohama Music Award』の上位にランクしており、「ストリート」という宣伝メディアをマスメディアとミックスして使っていた。

『Yokohama Music Award』とはFM横浜の深夜番組である。この番組は「アマチュアミュージシャン・インディーズミュージック対象のコンテストプログラム」で、その企画意図を「常に話題性、先進性を持つ街『横浜』を舞台に新しいミュージックシーンを創造すること、そして横浜から夢に向かって大きくはばたこうとしているインディーズアーティストを応援することを目的にしています」（番組ホームページ）と説明する。「横浜」という地域を強調していることや、ストリート・アーティストに番組の出演者を限らないことが『ストファイ』と異なるが、運営の仕方はほぼ同じであり、『ストファイ』のラジオ版とも言えるだろう。

マスメディアと積極的に連携している前記の三組以外にも、私たちが出会ったストリート・アーティストたちの多くがマスメディアと様々な形で関係していた。「アイドルH」さんは、彼を一躍有名人にしたテレビ朝日のバラエティ番組『銭形金太郎』に出演しているほか、頻繁にマスコミに顔を出している。彼は、自身のホームページに、渋谷ＮＨＫホール前の路上ライブ日程とテレビ出演や雑誌掲載情報を区別せずに載せている。また、毎週土曜日に渋谷や新宿で路上ライブを「敢行」している「バンドＨ」の曲は、千葉テレビのバラエティ番組のエンディング・テーマとして、何度も公の電波に乗った。ローカル番組ではあるが、マスメディアがストリート・バンドの曲を周期的に流すということが目新しく感じられる。

3-2　インターネットとパーソナル・メディアという新しい武器

若いストリート・アーティストたちが宣伝や広報のためにインターネットを適切に活用していることは、マスメディアとの関係を考察する中でも触れてきた。ここでは少し違う話をしてみよう。

ストリート・アーティストたちのホームページを観察しているうちに、興味深いことを一つ発見した。「相互リンク／支持」戦術がそれである。NHKホール前でダンス・パフォーマンスをしていた女子高生三人からなる「ダンスグループS」は、地方でもライブを行うことができる理由について、「ストリートダンスの、あの仲間みたいなの、交流で、できるじゃないですか。それで、誘ったり誘われたりで」と説明してくれた。同様のことがインターネット上でも行われているのである。「ダンスグループS」のほかにも、「ダンスグループD」と「ソロ歌手O」さんも、ホームページに「リンク」メニューを備えており、交流のあるアーティストのホームページを紹介したり、ホームページを訪れた他のアマチュア・アーティストに相互リンクすることを誘ったりしている。インターネットは、彼らが交流しながら協力しあう相互支援のツールなのだ。

彼らのホームページの重要な構成要素として、電子掲示板も欠かせない。ストリートでかなりの認知度を確保したアーティストの電子掲示板には、路上ライブの感想、次回も絶対見に行くという約束、アーティストの誕生日のお祝いなど、多くのメッセージが寄せられている。もはや「スターとファン」のような関係である。

他に、路上で彼らが使っている宣伝ツールについても少し触れておきたい。路上で私たちがもらったチラシの中には、素朴な手書きのものもある一方、それなりのデザインの工夫と努力がうかがえる印刷物が多く、なかにはまるでプロのようにグループのロゴを使った本格的な宣伝ツールもあった。手売りのCDも同様である。以前のアマチュア・ミュージシャンがデモテープの録音にも苦労していたことを

図3　ストリート・ミュージシャンとオーディエンス

考えると、ＤＴＭ時代のミュージシャンは、作曲から録音、ジャケット製作まで、自宅で簡単に作成することができる。技術的には、パソコンとソフトウェアさえあれば、いくらでもプロのような宣伝ツールを製作することができるのである。パーソナル・メディアを巧みに使うことで、アーティストたちはストリートでの活動効果を上げることができる。つまり、インターネットとパーソナル・メディアの発達や普及はストリートに出ることの無謀さを以前より減らしてくれているのだ。これを、アマチュア・アーティストたちが路上にあふれるようになった要因の一つとして捉えることができるだろう。

column 04

ストリートと音楽産業

　この二年程で、ストリートは大きく変容した。二年前には代々木公園を巡回していた警備員にも遭遇せず、音に関しては許容範囲が明らかに拡がった。観衆は多くなり、ストリート・アーティストも増殖して、代々木公園の園路（街路）は大変な賑わいになった。

　このような都市空間の変容はなぜ起こったのだろうか。この二年間のメディアの変容として、音楽（曲）の買い方が大きく変わったからだ。二年前までのＣＤを中心とした楽曲購入形態が、ｉＴＭＳ（iTunes Music Store）などを通じて、ネットワークで繋がったサーバからダウンロードする形態へと変わり、人々はｉＰｏｄなどで音楽を聴くようになった。音楽受容メディアと音楽購入形態が変化したのである。音楽産業の側としては、楽曲の原盤権を持っていることが利益を生むために必要になった。従来のミュージシャンは、メジャー・デビューする過程で大手レーベル会社からレコードやＣＤなどをリリースして、自分の楽曲を販売したが、日本でｉＴＭＳが登場した二〇〇五年以降、音楽の販売形態に変化が生じた。これにより、音楽産業の側もストリートで演奏する有望なアーティストの原盤権を獲得するために、ストリートでアーティストの曲を聴き、良いものがあれば契約を結ぶようになったのである。

　このような背景のなかで、ストリート・アーティストのなかにレーベル会社や版権会社と契約を結ぶ者が現れたことによって、多くのアーティストが路上を目指すようになったと考えられる。ストリート・アーティストにとっても、ストリートがメジャー・デビューへの回路と再確認できたことで、チャンスが広く開かれたのであり、その回路（ストリート）に多くのミュージシャンやアーティストが集ったのである。そして、そのミュージシャンを目当てにやってくる観客が存在するようになり、現在のような賑わいとなったのである。

（三浦伸也）

4　大道芸人とメディア

4―1　営業の道具としてのメディア

これまで、主にグループAに該当するストリート・アーティストたちがメディアとどのような関係を結んでいるのかという問いに、いくつかの例を使って答えてきた。それでは、グループBとグループCの大道芸人の場合はどうだろうか。

彼らの場合は、路上を「唯一」の、または「メイン」のステージにしているのか、それとも「サブ」のステージにしているのかによって、マスメディアに対する認識やメディアの使い方に大きな差異がある。まず、「アーティスト」または「パフォーマー」を職業としており、修行と宣伝のために、路上とイベントなどで並行して活動しているグループBの大道芸人の例を見てみよう。

上野公園でパフォーマンスを終えた後、衣装のままインタビューに応じてくれたヘブンアーティストの「大道芸人G」さんは、イベント会社の仲介なしに結婚式場や誕生日会などで仕事をしている。それが可能になる理由についてこう語る。

あの、〔仕事の依頼は〕一般のお客さんから来る。結婚する新郎新婦とか、あるいは誕生日の子供のためだったら、お父さんお母さんから来たりと、個人で、その、ホームページから来たり。あとは、いろんな雑誌とかに出てるから、記事としてね、取り上げられて、マスコミでね。

「大道芸人G」さんのホームページを覗いてみると、実に多くのマスコミに紹介されてきたことが分かる。ほぼ全ての全国地上波テレビ放送、一部の地方テレビ放送とラジオ放送に出演し、数ある新聞や雑誌に載ったことを、「TV・新聞に出たよ」と宣伝している。マスコミ登場の経歴は「大道芸人T」さんも同様である。彼が私たちのインタビュー要請に応じてくれた時間にも、本来は「NHKの人が来るはずだ」と語っていた。彼の資料には彼を紹介したマスメディアの名前が並んでいる。

また、ヘブンアーティストの「サックス奏者S」さんも、十数枚のアルバムを出してきただけにテレビ出演の経験が豊富である。他にCMやテレビ番組に挿入曲を提供したり、ラジオのレギュラーを勤めたりするなど、マスメディアと長く深い関係を維持してきたようだ。「大道芸人H」さんはヘブンアーティストのライセンスの他に、日本テレビが発行する「ART DAIDOGEI」のライセンスも取得し、『日テレ ART DAIDOGEI スペシャル』に出演している。日本ではまだパントマイムをやる人が少なかった時期から活動していたため、マスコミに登場し始めたのも早かった。

しかし、「大道芸人G」さん、「大道芸人T」さん、「サックス奏者S」さん、「大道芸人H」さんがマスメディアに顔を出し続け、それを主要な経歴として前面に出す目的は、グループAのアーティストたちとは全く違う。マスメディアが提供する舞台は、目標点ではなく宣伝ツールの一つにほかならない。マスメディアに取り上げられることで、彼らはより多くのパフォーマンスの場を得ることができ、路上で注目を集める可能性も高くなる。「大道芸人H」さんの話から、彼らがマスメディアとの関係を保ちながらもメインステージにはしない理由を理解することができるだろう。

僕らの芸のスタイルとテレビの芸のスタイル、全然違ってて。テレビだと、たぶん二、三分でお客さん、視聴者、笑うらしいですよ。誰がどんな有名なショーをやっても。（中略）僕らは、それこそ一〇分とかかけて、お客さんの雰囲気を作ってはじめて楽しめるものなので、テレビとは全然まったく違うもの。だからテレビはいつもどんどん過激になってきて、お笑いにしても……。僕らがやりたいのは昔からあるお笑い、ね。すごい時間かけてお客さんと触れ合いながら楽しんでいくものをやりたいんで。多分、路上でやってる人は、テレビに出たいとかっていうのはあまりないような。

ホームページに関していえば、グループBに分類したアーティスト六人全員が持っている。グループAに比べて年齢層が高いため、インターネットに関するリテラシーが不足しているのではないかという可能性もありえたが、人々に自らの存在とパフォーマンスを知らせることが重要な仕事であるという性格上、ホームページは必須のようである。ここで指摘できることは、イベント会社への所属の有無や大道芸人としての認知度によって、ホームページの活用方法が決まるのではないかということである。

会社に属さず個人で顧客を確保している「大道芸人G」さんのホームページは最も本格的であり、営業の窓口として遜色はない。主にイベント会社の仲介で仕事が入ってくると言う「大道芸人T」さんは、

「自分で作れないからね、あのホームページ、人に作ってもらってね」という発言からも分かるように、一通りの形式を備えたホームページを構えている。一方、大道芸人としての経歴が長く、認知度も高い「サックス奏者S」さんと「大道芸人H」さんのホームページには、プロフィールと活動情報、メディア出演情報や出演履歴のほかに、パフォーマンスに対する彼ら自身の認識やこれまでの経歴などに関するコンテンツも取り揃えられていて、有名アーティストやタレントのそれとあまり変わらない。活用方法や管理技術の程度に違いはあるものの、グループAの人たちとは世代が異なるグループBの大道芸人たちにとっても、インターネットは使わないと損をする「武器」になっている。

4-2 路上へのこだわりとメディア

しかしその一方で、インターネットとは全く無関係のように見えるアーティストたちがいることにも注意しなければいけない。路上をメインステージとしているアーティストたちは、ホームページを持っていないか、もしくは個人用のものがあったとしても東京都のヘブンアーティストのホームページには公開していない。ヘブンアーティストの一覧表を見ると、約八割のアーティストがホームページ、あるいは少なくともメール・アドレスを載せている。私たちが出会ったアーティストの中で、観客との交流から生まれる芸に重きを置き、路上にこだわるグループに分類されたアーティストたちのほとんどが、その残りの二割にあたる。これは偶然ではない。彼らには他のメディアを借りて自己紹介をする必要がないからである。路上にこだわるアーティストの一人、「大道芸人A」さんの話を聞いてみよう。

本当は、大道芸人って、通りかかる人と話をするのもお仕事のうち。初対面だから、みんな結構何でも話せちゃうから、自分の悩み事をちょっと大きく膨らませて、かわいそうな自分をちょっと演出して私に話しかけてきたりして……。「え、そうなんですか」というのも、仕事のうちだと思うんだけど……。

さらに、彼女は、路上を宣伝ツールとしてしか扱わないアーティストに対しては、批判的な態度を示した。

私の演奏中に私のお客さんにビラを配ってたりとか、「ああ、最悪!」と思って。そういうマナーの悪い人嫌いだから。ライブハウスでやることとか、テレビ出ることとか、CD売ることを重視している人って、平気でそういうのやるから……。だから、友達になれない……。（中略）商業的な人と話していると、じゃあ、サラリーマンやれば、みたいな感じになっちゃうんで。

彼らのパフォーマンスは、彼らを知らない人との出会いがあってこそ完全に成り立つ。本稿では、実に多様な意味で解釈できる「メディア」という言葉がもたらす混乱を避けるために、「一般にメディアと呼ばれるもの」、つまり、既存のマスメディアとしてのテレビやラジオ、新聞、雑誌、マスメディアと密接な営利関係を維持する音楽産業が有する各種宣伝メディア、そしてアーティストたちが手にした新しいパーソナル・メディアとしてのインターネットなどに限定して「メディア」を語ってきた。しかし、自身や自身のパフォーマンスを知らせるために「一般にメディアと呼ばれるもの」を使おうとしないアーティストたちに限って、「メディア」の多義性や多層性をあえて排除した本稿におけるメディアの定義を変えざるを得ない。彼らにとっては、ストリートと自らの身体こそが、最も重要な「メディア」なのである。

5　東京の求心力

調査を進めていくなかで私たちは、この活発なストリートは東京だけのものなのか、他の地域あるいは他の国の路上にもこのような事態は生じているのだろうか、という問いに突き当たった。私たちの調査をもとに、東京のストリートを相対化することはできるだろうか。私たちがインタビューしたアーティストのなかには、東京出身ではないアーティストが含まれている。彼らが東京のストリートを舞台に選んだ理由は様々であろうが、音楽活動やパフォーマンスのためであることは共通していた。地方出身アーティストと海外出身アーティストとのインタビュー内容に基づき、彼らを惹きつけた東京の求心力について考察していこう。

5-1　上京——ストリート・イメージの拡大による戦略的選択

東京で路上ライブを行っていた「バンドC」に「東京の意味」について聞いてみたところ、次のような答えが返ってきた。彼らは東京に出て二日目であった。

正直、やっぱり情報っていうものの一番発信地でもあるし、たくさんの人たちもいるし、東京で聞いてもらえなければ全国の人にも聞いてもらえないって、そういう意味でホントに勝負だなって……

「バンドC」が語ったように、東京が日本のメディアやエンターテインメントの中心地であることは言うまでもない。より多くの人に伝え、見せ、そして交流するために、東京が最適の都市であるのは間違いない。ここで重要なのは、情報発信地・東京のストリートにはマスメディアや音楽産業の手が直接的に届いているということ、そして彼らが惹きつけたいと望む観衆は、マスメディアが作り拡大させ続けているストリート・イメージの一部を成す「ストリート・ファン」であるということだ。彼らは東京のマスメディアが作ったストリートのイメージに惹かれ、戦略的に東京への路上ライブツアーを敢行したのではないだろうか。

毎週末にNHKホール前でキーボードの弾き語りをする女性シンガーソングライター、大阪出身の「ソロ歌手O」さんは、ストリート活動をするために東京に住み始めた一人である。彼女は、高校時代に『ASAYAN』（テレビ東京）というオーディション番組に偶然参加したことをきっかけに音楽を始め、それ以来ライブハウスを中心に活動してきたインディーズ・アーティストである。今は「大阪ではやったことない」路上ライブのみで活動している。代々木で演奏するのは「東京の路上でやるならここって言われたから」である。メジャー・デビューを目指している彼女は東京のストリートの効率のよさを選び、路上ライブが盛んだと言われる場所で演奏し続けているのだ。統計的な数値を得ることはできないが、プロのアーティストを目指して渋谷駅周辺やNHKホール前に集まってくる若者たちのなかには、「ソロ歌手O」さんのように「地元の日常」から「東京の非日常」へという選択をしたアーティストが少なくない。路上が「ストリート化」すると、そのイメージはマスメディアによって拡散される。そして、ストリートのエネルギーはストリート・カルチャーが活発な地域である東京に集中し、それは加速化するのである。

大道芸人に関しても、同様のことが起きているのかもしれない。ヘブンアーティスト制度とその関連報道が、大道芸を堂々とすることのできる「文化の都市」「劇場のような街」としての東京のイメージを形成していく。それにマスメディアが力を加える。たとえば、先に触れた日本テレビの「ART DAIDO-GEI」は直接的に大道芸を奨励し、またそれを素材にして番組を作っている。このような状況の中で、「大道芸人A」さんの言う「大道芸の本来の姿」は変容を余儀なくされる一方、東京の大道芸に対する人々の認識は高くなり、大道芸は以前にもまして東京に集中することになるのではないか、と推測できるだろう。

5-2　来日――アーティストでいられるところへ

東京の路上に海外出身のアーティストは決して珍しくない。日本の大道芸の形成と変容の過程において外国人の大道芸人の参入は大きく作用してきた。また、最近では欧米に由来するストリート・カルチャーの影響をそこに見て取ることができる。しかし、今日の東京は、いわゆるストリート・カルチャーの発祥地とされる地域のそれとは異なる、特殊なストリートを形成しているように思われる。これまで考察してきたように、ヘブンアーティスト制度の実施とマスメディアの介入による変容が、東京独特のストリート形成に大きな影響を及ぼしているのである。

しかし、これらの要因だけでは、ストリート・カルチャーの源流でもない東京のストリートへの求心力を説明することはできない。海外から見た東京のストリートの魅力とはどのようなものなのかを解明するために、ここではこれまでの分析とは少し違う視点を加えてみたい。このアプローチにおいて、関連サンプルの不足もあり、筆者の主観的経験に依存するしかないことをあらかじめ断っておきたい。韓国出身の筆者にとって、東京のストリートはとても見慣れない風景であった。また、ニューヨークやパリといった欧米の都市でストリート・アーティストを見かけた時とは異なる感覚を覚えた。

そもそも日本にこれほどストリート・アーティストが多いのはなぜだろうかという素朴な好奇心に対して、最初に浮かんだもっともらしい推論は、「アルバイトでも十分に生計が成り立つ賃金構造」であった。すなわち、「フリーター」が一つの労働形態として成立しうる状況は、日本の若者だけではなく、海外のアーティストにとっても魅力的であろうということだ。「フリーター」という言葉と一緒に、「やりたいことがやり続けられる日本」のイメージも伝播したに違いない。アルバイトをしながらプロのアーティストへの夢を追い続ける生き方は、例えば韓国ではなかなか成立しない。したがって、韓国のミュージシャンの多くは、日本について、より多くの活動舞台と合理的なシステムを持った「チャンスを与えてくれる場所」という認識を持っていると言えよう。益々活発になる日本のストリート・カルチャーは「日本でならばやっていける」と思わせ、海外のミュージシャンを惹きつけているのかもしれない。

では、メジャー・デビューやマスメディアへの進出を目標としない海外のストリート・アーティストは、どのような経緯や理由で日本を選んだのだろうか。かつては他の国で演奏していた「ソロ歌手N」さんは、路上での活動のみで生計を立てており、日本は稼ぎが良いと語る。近年は、日本人の大道芸人とストリート・ミュージシャンの増加による競争の激化と規制の強化のために収入が減ったと言うが、ヘブンアーティスト制度の下で、管理されつつも、どうにか活動を継続することができている。つまり、経済的側面に限って言えば、日本のストリートが他の国のストリートよりもアーティストにとって好都合であることは確かなのだ。

このように、ストリートを経由してプロのアーティストになれる、もしくは、その夢が叶わないとしてもアルバイトで生計を立てながらアーティストでいられる日本が、海外のアーティスト志望者たちを魅了しているのではないか。

6　ストリートとメディア

本稿で私たちは、ストリート・アーティストにとっての路上の意味を分析し、そこから三つの分類を設けた。すなわち、通過点としての路上に立つアーティスト、補助的舞台としての路上に立つアーティスト、唯一の舞台としての路上に立つアーティストである。私たちは、この分類に沿って、アーティストがどのようにメディアを利用しているのか、あるいはメディアがアーティストの意識や活動にどのような影響を与えているのかといった問題について考察してきた。そしてさらに、東京の求心力を、アーティストと文化産業、あるいはアーティストと経済構造といった文化経済的な関係のなかで描き出してきた。そこでは、東京のストリートが速いスピードで独特な性格を帯びながら膨張している過程が、マスメディアの介入という要因によって明らかにされた。この介入は、アーティストにとってチャンスの増大と安定した活動の保証を意味しているが、ここで重要なのは、このような関係を私たちがどのように捉えていくかということだろう。

現在、東京のストリートは、それを取り巻く音楽産業の構造変化、メディア環境の変化、あるいは行政による管理構造の変化などによってさらに急速に変容し続けている。ゆえに、アーティストがストリートに出る目的や、彼らとメディアとの関係も変わっていくはずである。したがって、私たちはこれからもアーティストの表現行為や東京のストリートの変容を、そしてストリートへのマスメディアや行政のさらなる介入を見つめていかなければならない。本稿はそのためのささやかな出発点に過ぎないが、アーティストの意識や活動がマスメディアや行政によって脅かされることなく、両者がともに東京独自のストリート・カルチャーを築き上げていくことを願いたい。

（権　旻娥）

参考文献

Certeau, Michel de (1980) *Art de faire*, Union Générale d'Editions. =山田登世子訳（1987）『日常的実践のポイエティーク』国文社

Deleuze, Gilles (1990) *Pourparlers 1972-1990*, Minuit. =宮林寛訳（1992）『記号と事件――一九七二‐一九九〇年の対話』河出書房新社

Foucault, Michel (1985) *L'Histoire de la sexualité 2: L'usage des plaisir*, Gallimard. =田村俶訳（1986）『性の歴史Ⅱ　快楽の活用』新潮社

Tanenbaum, Susie J (1995) *Underground harmonies: music and politics in the subways of New York*, Ithaca and London, Cornell University Press.

増田聡 (2004)「ストリートの音――『路上を領する者たち』」『10+1』34, 94-96.

森治子 (2000)「大道芸」鵜飼・永井・藤本編『戦後日本の大衆文化』昭和堂 269-290.

上島敏昭 (2000)「大道芸と現代」神奈川大学日本常民文化研究所編『歴史と民族16』平凡社 114-152.

雪竹太郎 (2003)「東京都・ヘブンアーティスト制度についての私の見解」『現代思想』31-12, 140-155.

ゆず (2003)「ゆずの六年半」（インタビュー）『ROCKIN' ON JAPAN』253, 104-111.

参考ウェブサイト（二〇〇七年一月）

ＦＭ横浜『Yokohama Music Award』 http://award.fmyokohama.co.jp
警視庁 http://www.keishicho.metro.tokyo.jp
テレビ朝日『ストリートファイターズ』 http://www.street-f.net
東京都公園協会 http://www.tokyo-park.or.jp
東京都庁 http://www.metro.tokyo.jp
東京都西部公園緑地事務所「井の頭公園 ART＊MRT」 http://www.kensetsu.metro.tokyo.jp/seibuk/inokashira
東京都生活文化局 http://www.seikatubunka.metro.tokyo.jp/bunka/heavenartist
日本テレビ「SHIODOME.NET」 http://www.shiodome.net
ゆず http://www.senha.co.jpl

Ⅱ ちんどん屋

このフィールドワークは、伊藤昌亮、周東美材、高山真、鳥海希世子、新倉貴仁、金明華の六名によって実施された。1章は新倉、2章は周東による単著の形式をとっているが、その背後にある一連の調査の手続き（調査設計、インフォーマントとのコンタクト、インタビュー、テープ起し、分析）はこの六名の共同作業によって成立している。特に伊藤は全体の調整に尽力し、周東は菊乃家親方への聞き取りを粘り強く進めた。高山は自らの専門を活かし調査の方法論を精錬し、鳥海はインフォーマントとの接触やデータの管理など不可欠な仕事を担当、新倉は仮説の構築や分析に貢献した。いずれの論文も、この調査班内での対話によって成立している。

0　はじめに

ドーランや白粉を分厚く塗りたくった顔、珍妙なチョンマゲやけばけばしいかんざしで飾り立てた日本髪、極彩色のいかにも安っぽい着物。そんないでたちの一団が鉦や太鼓やクラリネットなど、まるでガラクタを寄せ集めて作ったような奇妙な楽器を抱え、大昔の流行歌のメロディーをにぎやかに、しかしどこかわびしげに奏でながら通りを練り歩く。通行人は一斉に奇異のまなざしを向け、子どもたちはその異様な姿に恐れおののいて泣き出すか、あるいははしゃぎまわりながらその後を追う。すると見慣れた街の風景が一瞬、どこか別の世界の見知らぬ場所に突然入れ替わりでもしたかのように、見たこともない不思議な光景へと一変してしまう。そんなとき通行人や子どもたちにとってその奇怪な一団は、もはや日常世界の生き物ではなくどこか別の世界からやってきた他者、いわば根源的な他者として経験されているのではないか――。

ちんどん屋をめぐるそんな情景もしかし今はもう、すっかり過去のものになってしまったと思われていた。それは昭和の中葉の、街のあちこちにまだ戦前の記憶が色濃く残されていたころの遺物のひとつにすぎないと考えられていた。ところが一九九〇年代以降、そして今世紀を迎えてからはなおもますます、ちんどん屋の活動があらためて息を吹き返してきているという。しかもその主な担い手となっているのは、かつて昭和の時代に活躍していたベテラン勢ではなく、むしろ九〇年代以降続々と新規参入してきた若者たちであるという。さらにそうした現象は、都市化の波に取り残されてしまった地方よりもむしろ大都市で、とくに東京でこそ典型的に見られるものであるという。

都市の若者たちのあいだでなぜ今さら、長く忘れ去られていたちんどん屋の文化が復活しつつあるのか。新たなメディアが次々に生み出されてきたこの時期の都市環境のなかで、彼らはなぜことさらちんどん屋などという、このうえなく古臭いメディアを志向しているのか。それはなんらかの運動なのか。だとすれば何を求め、何を目指して彼らはそれを繰り広げているのか。また現在、同様に路上のパフォーマンスのかたちで繰り広げられている他の都市運動、たとえばストリート・アーティストやグラフィティ・ライターによる活動と比較してみると、それらのあいだにはどんな違いが見出されるのか。そうした問いに、都市とメディアをめぐる文化社会学の視点から取り組んでみようと考えたのが私たちの研究の出発点である。

近年の文化研究や運動研究の知見に従って言えば、現代の都市運動は、アイデンティティの審問と構築にかかわるパフォーマティヴなメディアとして捉えることが可能である。つまりそれは、人びとが自らのアイデンティティを構築していくためのメディアとして機能するという側面を強くもつ。したがってそれはまた、人びとが自らのアイデンティティを審問していくためのパフォーマンスとして実践されることを要請する。ここでパフォーマンスとは、つまるところ他者を再現することである。つまり自己の身体のうちに他者を取り込むことによって、自己を他者の場に置くとともに他者を自己の場に置き、それによって自己を客体として振り返るとともに他者を主体として引き受ける。そうした行為を通じてこそ自らのアイデンティティを審問し、構築していくことが可能となる。そしてそうした行為が集合的に実践されるとき、それはひとつの運動となる。

かつての時代、ちんどん屋という存在が一般の人びとにとって日常的でありつつも、同時に根源的な他者として経験されていたとすれば、現在あらためてちんどん屋になろうとしている若者たちはそうした他者性を、それも時代的に遠く隔てられることによって二重の意味で隔てられた他者性を、自己の身体のうちにあえて直接的に取り込もうとしているのではないか。それは彼らの意識のなかで、おそらくはかつての人びとの場合と同様、あるいはそれ以上に、おぞましくもどこかしら魅惑的な、いわば不可知の水準に位置するほどの異様さ、奇怪さとして設定されている存在であろう。そうした根源的な他者性を自己の身体に塗りたくり、飾り立て、彩色することによって彼らは自らのアイデンティティを、もはや不可知な水準にまで投企しようと試みているのではないか。

彼らのそうした行為をひとつの運動として捉え、それをストリート・アーティストやグラフィティ・ライターによる活動と比較してみると、たとえば管理への抵抗、支配への反抗といった直接的に対抗的な志向性の点では他の二者に比べて、そこにははるかに希薄な意識しか見出されない。が、一方で現代の都市運動のもうひとつの側面に着目し、アイデンティティの審問と構築をめぐるパフォーマティヴなメディアとして、とくにその基礎となる、自己の身体のうちに他者を取り込もうとする行為そのものとしてそれを捉えたうえで、同様に他の二者と比較してみれば、その身体性における直接性、他者性における根源性という点で他の二者に比べて、そこにははるかに強烈な意識が見出される。つまり彼らの行為は、何かに直接対抗することによって社会状況を揺るがそうとするというよりも、むしろ自らのアイデンティティをその身体性と他者性において、もはや不可知な水準にまで投企することによって文化状況を揺さぶろうとするという意味で、やはりひとつの運動として捉えられるのではないか。

そこで以下の二つの章では、彼らのそうした運動の内実をつまびらかにすることを目指して、その身体性と他者性の次元をそれぞれ掘り下げてみたい。まず第1章では、かつて昭和の時代に活躍していたベテラン勢、いわゆる老舗ちんどん屋によって築き上げられてきた職業上の技法を、その後新規参入してきた若者たち、いわゆる若手ちんどん屋がいかにして自己のうちに取り込み、自らの身体技法として実践しているのかを明らかにすることにより、その身体性の次元を掘り下げることを試みる。次に第2章では、老舗ちんどん屋のなかでも代表的な存在である菊乃家〆丸《きくのやしめまる》親方のライフヒストリーを紹介することを通じて、若手ちんどん屋が自己の身体のうちに取り込もうとしている根源的な他者性とは何か、それはいかなる歴史のなかで、いかなる人生として生きられてきたのかを明らかにすることにより、その他者性の次元を掘り下げることを試みる。

議論を進めるにあたってここでまず、ちんどん屋の定義の問題に一言触れておいたほうがよいだろう。ただしちんどん屋とは何かを定義することは、じつは必ずしも容易なことではない。当事者のあいだでさえ自らの定義をめぐって意見が紛糾しているほどである。そこでここでは私たちなりのちんどん屋の定義として、以下の三つの特徴を指摘するにとどめておきたい。

第一にちんどん屋とは、ちんどん太鼓を用いて活動する宣伝業者である。鉦・締め太鼓・大胴の三種の打楽器を組み合わせて作ったちんどん太鼓は明治末期から大正中期にかけて発明・改良され、昭和初期以降普及していったとされる。それを担いで歩き、演奏に合わせて口上を述べるという独特のスタイルからかたちづくられてきた身体技法こそが何よりもまずちんどん屋の特徴であろう。第二にちんどん屋とは、雑食的にかたちづくられてきた固有の文化である。歌舞伎や寄席の下座音楽、飴売りの「飴勝」や「東西屋」「広目屋」などの宣伝業者、退役軍人による職業バンドや「ジンタ」と称された楽隊など、その出自にはさまざまな起源が推定されているが、出自や起源のそうした複数性をむしろ許容し、多様な環境との異種交配を通じて自らを雑食的にかたちづくってきたところにちんどん屋の文化的特徴がある。第三にちんどん屋とは、稠密なネットワークを通じて形成・維持される固有の業界である。楽器や衣装の貸し借り、さらには「出方」と呼ばれる人的な貸し借りの慣習から縄張り意識に至るまで、さまざまな関係や規範のネットワークが業界内の隅ずみにまではりめぐらされ、そこに参加することによって初めてちんどん屋として活動することが認められる。そうしたネットワークの稠密さにちんどん屋の業界的特徴がある。

しかしこうした定義によって、ちんどん屋とはそもそも何者かという問いに明らかな答えが与えられるわけではもちろんない。むしろそうした問いをめぐってなされる営みこそが、ちんどん屋をめぐって現在なされている若者たちの運動の内実そのものであるともいえよう。それをつまびらかにすることが私たちの目標であるとすれば、私たちの議論もまた、そうした問いに向けて投企されるひとつの試みであるにすぎない。
　調査にあたっては、まず若手ちんどん屋として全国ちんどん博覧会実行委員長であり、東京チンドン倶楽部代表である高田洋介氏、同博覧会実行委員であり、チンドン大和家代表である大和家さん休こと永田久氏、また若手ちんどん屋のなかでもとくにアマチュアの学生サークルとして、早稲田ちんどん研究会「風街宣伝社」所属の大学生八名（女性七名・男性一名）、そして老舗ちんどん屋としてちんどん菊乃家代表の菊乃家〆丸《きくのやしめまる》親方とその妻大井さな江氏、チンドンみどりや代表のみどりや進親方、さらにちんどん屋に仕事を依頼するクライアントとしての立場から株式会社ヨシダロッタリーサービス取締役の立岩宏氏に、二〇〇四年から二〇〇七年にかけてインタビューを行うとともに、各氏の興行に適宜同行、現場観察を行った。インタビューの日時と場所を下記に示す。調査にご協力いただいた各氏にこの場を借りてお礼申し上げたい。

二〇〇四年五月三十一日　早稲田ちんどん研究会「風街宣伝社」（東京都新宿区戸山）
二〇〇四年六月十三日　高田洋介氏・永田久氏（東京都新宿区四谷）
二〇〇四年七月四日　菊乃家〆丸親方（東京都墨田区京島）
二〇〇四年七月七日　立岩宏氏（東京都中央区築地）
二〇〇六年二月二十三日　菊乃家〆丸親方・大井さな江氏（東京都墨田区京島）

二〇〇六年三月十日　高田洋介氏（東京都新宿区四谷）
二〇〇六年三月十六日　菊乃家〆丸親方・大井さな江氏（東京都墨田区京島）
二〇〇六年三月十九日　みどりや進親方（東京都大田区千鳥）
二〇〇六年三月二十日　菊乃家〆丸親方・大井さな江氏（東京都墨田区京島）
二〇〇六年三月二十四日　菊乃家〆丸親方・大井さな江氏（東京都墨田区京島）
二〇〇七年一月二十六日　菊乃家〆丸親方・大井さな江氏（東京都墨田区京島）

（伊藤昌亮）

1 ちんどん屋の実践とその可能性
――見ること、歩くこと、変えること

五所平之助監督の『煙突の見える場所』（一九五三年）のワンシーンに、ちんどん屋が出現する。物語が千住の「お化け煙突」の周囲で展開することから考えると、荒川の周辺であろうか、小さな木造建築の商店の前を、三人連れでちんどん屋が円を描くように歩く。奇妙に静謐なシーンである。

それから半世紀が過ぎ、東京の都市空間は大きく変容した。道は舗装され、高層建築が立ち並び、フランチャイズの店舗が駅前を埋める。『煙突の見える場所』の舞台となったような長屋は、ほとんどみられなくなり、団地やマンションが立ち並ぶ。買い物に行く人々は、商店街よりも、スーパーや大型量販店へと向う。テレビの普及などことさら言い立てるものでもなく、メディア環境はインターネットによって大きく変わっている。だが、ちんどん屋は東京の町に存在しつづけている。

本章は、東京で活動するちんどん屋へのインタビュー調査を通じて、その実践の一端を浮かび上がらせることを目的とする。ちんどん屋は都市空間を歩き、歩行者とコミュニケーションする行為性におい

て成立している。この実践は、都市空間における身体性や主体性の可能性を模索する手がかりを示してくれるだろう。

　なお、本章は現在の東京のちんどん屋の全体像を描き出すことや、彼らがちんどん屋を行う動機の解明をめざすものではない。むしろ、彼らがちんどん屋の実践をどのように語り、その魅力をどこに見出しているかということに焦点を定めていく。すなわち、彼らは自らの実践をどのような言葉を用いて説明し、その「魅力」を描きだすためにどのような言葉の配分が行われていくのか。そのような「魅力」は、なぜ我々の眼にも「魅力」として映るのか。また、そのような「魅力」は、ちんどん屋の〈古さ〉と〈新しさ〉とどのような関係をとりもつのだろうか。そして、東京のちんどん屋の実践から、都市とメディアの交わる地点において、いかなる可能性をすくいとっていくことができるだろうか。

　以下では、まず、ちんどん屋が現在どのように活動し、それがいかなる特質をもつものとして考えることができるかを考察する。次に、「見ること（それは同時に見られることでもある）」、「歩くこと」、「変えること」の三つの視点から、その実践の「魅力」の構築を考察する。これらの三つの視点は、広告メディアとしての実践が規定する彼らの身体性と、さらには音楽と移動可能性によって生じる行為性から導き出されるものである。この身体性と行為性の考察を通じて、都市空間を広告のために演奏して歩くというちんどん屋の種差性を浮かびあがらせることができるであろう。そして結論では、これらの活動を通じて見出される実践を、都市空間における生のありかたの一つとして考察する。

図1　2004年、佃島、東京チンドン倶楽部

1　ちんどん屋の布置

1-1　プロとアマチュア

現在、東京のちんどん屋は、「たまに出る人も含めて」四十人くらいであり、「全員知っている」ことが可能であるという（高田氏）。このような顔見知りの関係性の中で完結する集団の規模であるということもあり、産業全体を統括するような組織はない。また、組合も、戦前の一時期、政治家の働きかけの中で浮上しながらも、現在は組織されていない。そのようなちんどん屋を緩やかにつなぐものが、毎年富山市で行われている「全日本チンドンコンクール」である。この大会は、昭和三〇年から毎年開催され、全国のちんどん屋が技を競うものとなっている。また、高田氏や永田氏が事務局を務める「全国ちんどん博覧会」というイベントもある。これは、「自主興

行みたいなので、若手中心で大阪、東京が集まって、普段の営業でできない実験的なことをやろうとか、交流の場にしよう」という狙いや、「我々の側から世間にアピールするためのプレゼンの場所」とするという趣旨で始められたという（高田氏）。このような職業としてのちんどん屋以外に、大学におけるサークル活動（早稲田大学「風街宣伝社」、立命館大学「出前ちんどん」、神戸大学「モダン・ドンチキ」など）や、アマチュアのちんどん屋が存在している。

ここで、プロとアマチュアという区分線によって、ちんどん屋の布置を描きだすことができるかもしれない。しかし、なによりも、ちんどん屋は「広告屋」であり、「商売」である。ちんどん太鼓を背負うことや、その独特のリズムによって音楽を演奏することによってちんどん屋となるのではなく、宣伝業として街に繰り出すことによって初めてちんどん屋となるのである。とするならば、アマチュアのちんどん屋という呼称はどこか滑稽な矛盾を孕んでしまう。

ちんどん屋の仕事は、街での宣伝活動以外にも、新規得意先開拓などの営業活動や、演奏者の確保や配置などの仕事を含む。そのような「仕事の裏の裏までがわかって」（菊乃家親方）、はじめて一人前のちんどん屋としてみなされるのである。それゆえ、彼らにとっては、プロ／アマチュアといった区別よりもむしろ、屋号＝親方／フリーという区別のほうが重要である。「自分で元請けとして仕事を取らない人をフリーと言っているわけですよ。自分が元請けになる人は屋号、親方と言っているんです」（永田氏）。屋号＝親方／フリーの構造は、高田氏も永田氏も弟子入りした経験をもつように、徒弟制度として考えることができる。このようなちんどん屋の業態を、高田氏は「職人」の世界に近づけて語る。

フリーランスの職人さんみたいで、声が掛かればどこへでも行くような。それは本当に、職人の世界とすごく似ているんですよね。「親方」という言葉と「出方」という言葉自体、職人の言葉ですし、それはわりと伝統的に似ているんですね。

このような「職人」的な性格は、技能や商売のノウハウの伝授においては重要なものであると考えることができる。しかし、同時にそれは外部に対して閉じるという傾向性を帯びざるをえない。これはちんどん屋への若者の参入という事態とは相反することのように思われる。では、なぜ、現在、若者のちんどん屋への参入が可能となったのであろうか。

1-2 若手と親方

この問いに答えるための補助線となりうるのが、その年齢構成である。高田氏によれば、二〇〇四年当時、「大まかに言うと六十五歳以上と四十五歳以下に分かれている」という。この二十歳の隔たりをもたらしているものは、後継者不足の問題である。親方衆の子供の世代がほとんどその仕事を継がなかったのだ。現在、若手として活躍するちんどん屋は、一九八〇年代以降に親方たちへ弟子入りしたものたちである。それは家業として行われてきた戦前のちんどん屋の性格からすれば、新たな展開だといえる。自らが参加した当時を振り返り、高田氏は次のように述べる。

最初は、僕らが入り始めた八〇年代の半ばごろというのは、今まで結構特殊村的な世界だったんですよ。よそから来る人たちを排除してきて、代々やってきた人たちの中だけで守って。その中でやってきた人たちの人数と仕事量がちょうどどうまくずーっときたところが、年寄りのフリーの人たちがだんだん死んできて、そこに僕らがちょうどスポッと入るような形の時期だったんですよ。だから、やっぱり仕事量と親方たちのそれを手配するだけの人間とのバランス。それは、実は今でも変わらないんだよね。実はすごく狭い社会で、仕事もすごく少ないんですよ。

一九八〇年代以降の若手の参入は、親方衆の高齢化や廃業などを通じて、ちんどん屋を営んでいくために新しい人材の受け入れを業界自体が必要としたという事情によると考えられる。では、逆になぜ若い人々は、一九八〇年代以降にちんどん屋にひかれていったのであろうか。この点に対する決定的な解答を提供することは困難である。たとえば、いち早くちんどん音楽に注目した篠田昌已氏との関係からちんどん屋に参加した高田氏と、偶然公園でちんどん屋に出会った永田氏の二人でも、その動機を容易に一般化することはできない。また、仮になんらかの説明を現在のちんどん屋の人々から導き出しても、そのような説明が、現在のちんどん屋の実践から、事後的に構築される可能性も否定できない。おそらくここでは、ちんどん屋の高齢化による人手不足とそこに集まる若者という需給関係が一致したと考えるにとどめておくべきであろう。

しかし、若者がちんどん屋に参入していった決定的な要因を示すことはできなくとも、彼らが語る無数のちんどん屋の「魅力」を通じて、現在のちんどん屋の実践の意味へと迫ることができるであろう。そしてそのような意味の一つとして、「職業」という定位がはらむ緊張をあげることができる。

1-3 広告業としてのちんどん屋

ちんどん屋は、「大道芸人」や「アーティスト」といった括りには、おさまりきらない過剰さをもつ。確かにちんどん屋は路上において演奏活動を行う。それは「大道芸人」や「アーティスト」との同型性を想起させるだろう。また、その活動に何らかの自己の表現を読み取ることも可能だろう。だが、彼らは「商売人」として、「大道芸人」や「アーティスト」と明確に一線を画する。ちんどん屋はクライアントの営利のために最大限の宣伝活動を行うことを職業倫理とするのだ。

このような職業倫理は、プロ／アマという区分を乗り越える言説資源として機能する。ちんどん屋を実践することはその職業倫理に従うことであり、その職業倫理に従う限りちんどん屋を実践しているのである。たとえば、早稲田の学生は次のように述べる。

私たちがやっているのはちゃんとしたプロの宣伝業のちんどん屋をやりたいから、別にストリート・パフォーマンスで押し付けてやっているそういう音楽をやりたいんじゃなくて、私たちはちんどんをやりたいから、お金をとっているというのもありますし。（早稲田、Uさん、女性）

そこに見出せるのは、自己の表出へのこだわりではない。むしろ、ここでは、自己は副次的な位置づけしか与えられていない。ちんどん屋の活動において、自らを発見したり、語ったり、充足を覚えることはその本来の目的ではなく、宣伝活動の最適化こそが問題となる。彼らにとって第一なのは、クライアントとの関係の中で生じる職業倫理であり、そこから生じるちんどん屋としての誇りなのだ。このような省察的な自己言及が、高田氏と永田氏へのインタビューにおいても、早稲田の学生へのインタビューにおいても見出される。

ちんどんって、まあ、宣伝業、広告なんですけど、要はテレビとかラジオとか新聞とかのマスメディアと違って、極めてローカル、ローカルに特化しているメディアだと僕は思っていて、要は百万人には届かないけれどその場にいる十人、何十人にはすごい届くっていうのがあって、すごいなんかはしだと思っていて、いろんな街に行って、その街の空気があって、そのまあせいぜい十人、何十人しか相手していないんだけど、その相手にお互い顔が見える関係で、僕らはパフォーマンスをしているけど、やりっぱなしじゃなくてやったものにそのリアクションが返ってきて、しかもステージじゃなくて同じ高さで、同じ目線でやってて反応があるっていうことがすごい楽しくて。(早稲田、Kさん、男性)

だからそういう意味では、芸人というよりは宣伝屋なんですよ。歩く広告塔…ありますよ、やっぱり。その場の雰囲気をよくするのはね、やっぱり我々の音、動き、笑顔、そういうものがその場を柔らか

くしたりとか注目を集めたりとか。それは、当然大道芸人の人たちと同じ意味での芸の力もないとだめです。（高田氏）

彼らが自らを種差的にするために意識するのは、パフォーマンスの主体（アーティスト、芸人）ではなく、テレビや新聞といったマスメディアなのである。そして賭けられるのは自らの実践が生み出す数十人程度の空間における、訴求力と浸透力なのである。

以上において、現在の東京のちんどん屋の布置と、彼らを特徴づける職業倫理を概観した。この職業倫理についての彼らの語りは、これから考察していくちんどん屋の実践と魅力を準備するものになる。まなざしと声が届く範囲の人々と密接にコミュニケートしながら、緩やかに歩いていくちんどん屋は、都市の空気を組み替えていく。彼らのその実践と、それを魅力や技芸として語る言葉から、ちんどん屋をめぐる語りに身体への言及が散在していることが明らかになるであろう。そしてそれは、ちんどん屋を実践する行為者の自己を再編するのである。

2　見ること――視線の交錯と笑顔

宣伝活動を通じて生じる行為性は、「見ること」という身体性に顕現する。ちんどん屋は見られることを目的とし、それゆえに見られることに対する強い意識をもつ。彼らは見られる存在として、広告の意味作用の中に自らを覆い隠していく。それは「広告」という「メディアになる」という実践だと考えることができるであろう。このような媒介性において生じる、自己の「透明化」は、広告業という職業倫理における自己意識の副次化の延長線上にあるものだといえる。だが、これは、自己が透明なものとして消失することを指すものではない。むしろそこには自己は存在する。だが、この自己は外部のまなざしを通じて再発見されていくものである。その意味で、ちんどん屋の実践において現出する自己とは、自律的で自足した主体ではなく、緩やかに定立される「弱い」ものなのである。

このような、見る／見られるという行為性の問題としてちんどん屋の実践を考えるとき、ちんどん屋の仕事におけるやりづらい街、やりやすい街の区別が、視線にまつわるものであることは興味深い。高田氏と永田氏は渋谷での仕事をやりづらいとし、「その視線がわりとヒリヒリした視線というか、痛いですね」（高田氏）と形容する。菊乃家親方もまた、団地をやりづらい街としてあげるが、その語りはやはり、視線にまつわる。団地では、「二階から覗いて」見られるように感じられる。

しかし、ここで述べられている、見られるという行為性は、日常における他人の視線の意識とは、異なる次元に位置する。早稲田の学生の一人は、高校時代、「周りの目とかに気に」なっていたが、そのような見られる体験と、ちんどん屋での見られることの違いをはっきりと述べている。

ちんどん屋って見られてるんですけど、目線が同じなのだかなんだかわからないですけど。恥ずかしい、よく恥ずかしくないのかって聞かれて、いつもその質問には困るんですけど。でも全然恥ずかし

くないんですよ。はっきり言って。（早稲田、Uさん）

質問に込められた見られることへの恐怖が、そのような問いへの困惑によって応答される。ちんどん屋の実践が十分に発揮される限りにおいて、他者の視線は自らを損なうものではない。しかし、どこかよそよそしさをもった空間に、「異邦人」として位置するとき、視線は痛覚を伴ってちんどん屋の身体に注がれるのである。

他方、ちんどん屋は自ら視線を発する存在でもある。ちんどん屋は街を歩き、視線を集めるが、同時その宣伝活動のために人々の反応や街の状況を見なくてはならない。高田氏や永田氏はそれをちんどん屋の技法として説明する。

そうですね。興味のある人、喜んでくれる人はもちろん見えますけど、そうじゃない、まったく興味のない人たちとか嫌いな人たちとか、そういうものもみんな見えるんですよ。余裕のない主婦とかサラリーマンの表情だとか。（高田氏）

それはね、ものすごくある意味ではアンテナを三六〇度張っていないとだめなんですよ。病人もいるかもしれないし、警察のお巡りさんもいるかもしれないし、道路使用許可を取っているときはいいんだけど、取っていないときも多いので、そういうヒヤヒヤして、あちこちにアンテナを張りめぐらせながらいかにその場で宣伝効果があるかというのを瞬時に判断していくのが僕らの仕事なんで。だから、駅前でただ単にやっているんじゃなくて、いろいろなものを見ながらじゃないとできないんですよ。（高田氏）

それも見て、窓際のカーテン越しにどのくらい見ているかというのはちゃんと見ていますから。（高田氏）

みんな自分の向かう方向を向いていますから、聞いていないようなんだけど、でも実は聞いているんです。そういうのを何か分かるんですよね、「あ、これは絶対に分かっているな」って。（永田氏）

三六〇度アンテナをはりめぐらし、周囲の様子に気を配り、歩行者の顔を見つめる。さまざまなものが視界に飛び込み、それらを瞬時に判断していく。ちんどん屋における見られることと見ることという視線の交錯は、ある種の緊張状態をもたらす。そしてそのような緊張状態の中で、街は全く異なる相貌を見せる。早稲田の学生は、新たな風景の相貌に新鮮な驚きを隠さない。

日頃からちんどんやってて一番好きなのが、そのなんですかね、歩いてて、なんていうのかな、私たちがやることでみんな喜んでくれて笑顔になってくれて、それで自分もほんとにすごい、ほんとなんか笑顔になることがわかるんですよ。で、それが嘘じゃなくて、そういう音だとか衣装だとか、それが光景とかが街と一致するっていうか、それが一瞬、そういう全部一緒だなあっていう感じがあって、すごいそういう現実的ななんか、ステージで、私音楽やってきた人じゃないんですけど、けっこう音楽の授業にコンプレックスみたいなのがあって、そういう決められた音楽みたいな。で、ちんどんやってて、音楽っていうより私はなんかその街の人との触れ合いみたいな、すごい現実的で、手握ってくれるおばあちゃんもいれば、泣きわめく子供もいれば、ついてくる子供もいれば、なんかそういうのが大好きで、あ、何の話だったんですっけ、あ、その思いですよね。（中略）でも誰でも人を喜ばすのって嬉しいと思うんですけど、私とくにそういうのに喜びを感じるほうなんで。で、逆になんかそれで自分が元気にしてるとか、人に喜びを与えてるっていうよりは、なんか自分がこんなにパワー貰ってるなっていうのがあって、それがすごく良かったです。（早稲田、Uさん）

笑顔という言葉は、早稲田の学生たちへのインタビューの中で頻繁に出現する。これは、サークル内で言説の共有がなされているということを示すだけだと考えることもできるであろう。しかし、同時に、笑顔という言説が流通しているという事実性において、その言葉の説明能力が彼らに共有されているとも言うことができるだろう。言い換えるならば、早稲田の学生たちにとって、笑顔は自らの行動を説明するための言説として充分妥当なものであり、また彼らが経験するちんどん屋という実践をうまく言い当ててるものなのだ。では、このような「笑顔」とは一体何を示すものなのだろうか。

ああいう、自分が楽しんでいると、まわりの人がほんとに笑顔になってくれる、街にいてもほんっと

に笑顔になってくるんですよね。（早稲田、Tさん、女性）

なんか笑顔がすごい。みんなこんないい笑顔をもっているのかよ、って思ったのと、あと屋外で演奏することがすごく気持ちよくて、意外と人の目って気持ちいいな。（早稲田、Nさん、女性）

魅力……。うーん、街、そうですね、街を別の視点から見れて、こう、人々の笑顔を作り出せるみたいなところが、多分魅力だし、普段ちんどんをやってなかったら知り合わないような人たちと話しができたりとか、ほんとに、世代を超えて、その呼んでくださった商店街のおじさまたちとお酒を飲んだりするので、ほんとに世代を超えて、いろんな職業の人と、絶対、これをやってなかったらしゃべらないという人たちと会話したりとか、できるのが魅力だと感じますね。（早稲田、Kさん、女性）

自分たちの活動を「笑顔」という言葉で支えることは、ひどく陳腐な行為に見えるかもしれない。しかし、彼らは一方で、普通の大学サークルの活動に対する違和感からこのサークルを選び、また奇妙に嫌いなものが一致するというシニカルな共同性を持ってもいる。このシニカルさが、「笑顔」という言葉と一見相容れないものであるかのように思えるからこそ、彼らの語る「笑顔」は注目する意義のあるものといえるだろう。見られることと見ることという視線の交錯の帰結から生じる、「笑顔」という語り。人々を笑顔にすることは、ちんどん屋の第一の目的ではない。しかし、宣伝活動を通じて、人々に見られることを通じて、

図2　2004年喰丸文化祭 福島県昭和村

彼らは笑顔を副産物として生み出し、そのような笑顔を生み出す自分を発見していく。永田氏は、ちんどん屋の実践を、「何も関係なかったところに関係を生み出す」として語る。ちんどん屋の実践が笑顔を生み出すとすれば、ここで永田氏がいう関係とは笑顔のことである。見る／見られるという緊張状態を融解するような「笑顔」というつながりの創出。そしてその「笑顔」にさらされることを通じて、自己が見出されるのだ。

このような、見る／見られるという問題系は、吉見俊哉が、鶴見良行の実践に「他者の眼差しを通じた自己中心的な世界の相対化への意志」を読み取った、「モノの側からのまなざし」につながるものではないだろうか（吉見 2005:218-22）。ちんどん屋の実践は、見られることと見ることを重層的に含み持つ。私を見ている人を私は見る。私に見られている人が私を見る。そのような視線の交錯の中で「笑顔」が出現し、「笑顔」を向けられる自分が出現し、「笑顔」になる自分が出現するのだ。その瞬間、「音だとか衣装だとか、それが光景とかが街と一致」し、「そういう全部一緒だなあっていう感じ」が生み出される。自らの身体が都市空間と融合するような、境界線の喪失の経験。このような身体性を理解するためには、より街を経験する実践へと注目していかなければならない。

3　歩くこと――町場という都市空間

ちんどん屋は、歩くという行為性において成立する。近年、ステージでの演奏のような仕事が増加し、大型量販店のフロアを仕事場とすることも増えてきているが、そのような舞台や店舗もまた広義の都市空間に包摂されるものであるだろう。そして歩くという行為性において、都市空間と身体が交わっていく。その経験の蓄積から生み出される街の語りは、何か新鮮なものを感じさせる。

ほおずき市はステージだけ。その、九日は浅草をやる、あの、仕事は、大体九日の日はね、浅草の雷門通り。うん。雷門通りだけど、九日に雷門通りをやる前に、最初に、聖天様《しょうでんさま》、聖天様ってね、言問橋をね、白鬚へ向かっていくときにあるお寺なんだけど、その聖天様をやって、聖天様からすぐ浅草へ来るから、浅草へ来るのが、十時半後先かな、あのね、えー、あ、十日観音様の方だな、（メモを出す）。七日が聖天様から観音通りをやって、八日は他の人が根岸のほうをやって、私は狛江へ行っちゃうから九日の日、九日の日が浅草だね、えー、これが、これがね、九日の、九日の日はね、浅草一丁目、二丁目、要するに雷門通りだね、あの、交番のある仲見世の入り口あたり、あれをね、ひさご通りわかります?うーん、六区の浅草の映画街から出た、通りなんだけど。ひさご通りから千束って言ってね、日本堤の方へ入って行って、日本堤からね、かっぱ橋の方へ出て行ってね、こういう具合に大体回るんですよ。大変なんですよ。だからどこを歩いているか。ただ、歩くのに、その日によって私が見るのは、九日の日だろうなあ、雷門、えー。(菊乃家親方)

これは毎年七月九日、十日に行われる浅草のほおずき市での菊乃家親方の仕事についての語りである。ここには、「雷門通り」、「聖天様(待乳山聖天)」、「白鬚」、「観音通り」、「根岸」、「狛江」、「ひさご通り」、「千束」、「日本堤」、「かっぱ橋」といった地名が登場する。これらは寺や通り、区画、映画館や交番などと重なりあい、浅草という街を歩くもののまなざしによって構成するものである。

これをちんどん屋の特質として一般化することはできない。だが、このような語りを生み出す経験の一部を、ちんどん屋の活動が支えてきたこともまた否定できないであろう。我々がここで感じるのは、歩くもののまなざしによって把握される都市空間であり、その記述である。それは地図上の鳥瞰的なまなざしによって記述されるものとは異なる。

二〇〇一年頃に作成された「全国ちんどん博覧会」のホームページによれば、当時六〇歳を過ぎたベテランのちんどん屋が墨田区、足立区、台東区、大田区、北区といった、いわゆる「下町」と呼ばれるような東京の北東部に拠点を構えるのに較べ、三〇から四〇歳の若手ちんどん屋は、新宿区、杉並区、中野区、渋谷区など、中央線沿線を中心とした東京西部に拠点を構えているという。菊乃家親方の、その独特な空間感覚は、「戦後の焼け残り」の地区に暮らすという経験性に支えられているといえるかもしれない。

昔は私らね、この近所で一年中を、ここらは吾妻町っていったところだから、今の京島ね、吾妻町から向こうは荒川区の方、今でいうと荒川警察だのそのあたりまでこっちは、亀戸、錦糸町、そこいらだけで一年中やってた。だから、たまにこっちのお店から紹介があって、王子あたり行くでしょ、一年に一ぺんや、二へん。で、王子に仕事に行くと、帰ってきて「いやー、今日は電車乗って仕事行ってきたよ」って、そうよ。王子あたり仕事いくにゃ、都電にのって本郷三丁目あたり行って、本郷三丁目からまた乗り換えて王子まで行って仕事して帰ってくるんだけど、これが大変なんだ、そんなこたぁ珍しいんだから。（菊乃家親方）

都電に乗って仕事することが稀なほど、ちんどん屋は自らの足で赴ける範囲の領域で仕事を得、そこに自らの足で赴いていく。さらに遠出しなければならない顧客すら、近隣の得意先からの紹介であるという。このような歩ける範囲での近隣の人々のつながりに支えられていたことは、菊乃家親方が昔のちんどん屋を振り返るときに、その強い「縄張り意識」があったことを言及することへとつながる。

このようなちんどん屋の実践は、彼らが生活する都市空間に強く規定される。だからこそ、高田氏は

「ストリート」という言葉に違和感を覚え、「町場」という概念を提起するのである。

これは個人的な僕の意見なんですけど、どうもストリートという言葉が、嫌いじゃないんですけど、僕の中のこだわりとしては「町場《まちば》」という言葉が好きなんです。だから、町場の文化とか町場の空気とか、そういうような「町場」という言葉は僕は好きですね。ストリートというと、どうしても洋物的な、ちょっと地に足が着いていないような部分の言葉のような気がするんですけど、僕らの先輩たちを見ていると地に足が着いている。ちんどん屋としてはもう明治・大正時代からあった上に乗っかって歩いてやっているという気持ちがあるので。

しかし、注意しなければならないのは、「親方衆は町の仕事しかないですからね」（永田氏）、「町場という言い方すらしない。どこどこの現場とか、どこどこの仕事しか」（高田氏）として、この「町場」という概念が若手ちんどん屋の側から提起されたものに限定されることである。だが、彼らのこの言葉の採用は、親方衆とのつながりを通じて、そして彼ら自身の日々の実践を通じて、起こりえたのである。そのときに浮上するのが、「地に足が着いている」や、「上に乗っかって歩いてやっている」という、地層と歩行の隠喩である。菊乃家親方の「歩くこと」の語りは、彼らが生活し活動する都市空間が地層として堆積していること、そしてその上を強固に、だが緩やかに歩んでいくというちんどん屋の実践を指し示しているのではないだろうか。

そのような経験の地層が、ちんどん屋に非日常の雰囲気をもたらす。さらに、ちんどん屋の歩みは決して速いものではない。数キロはあるちんどん太鼓を背負い、肺活量を要する管楽器を演奏に用いながら歩くため、その歩行は緩やかなものとなる。それは休憩を必要とするため、その実践は持続的なものというよりも、活動と休止が交互に入れ替わるものとなる。この歩行の緩やかさが非日常の雰囲気に合流していくのが、子どもたちがちがちんどん屋の後をついてまわるというエピソードだ。

図3　2006年、巣鴨

だから昔はみんな子供が飛び出してきて、子供がくっついて歩いて迷子になったなんて、今の五〇、六〇ぐらいの人だと、結構そういう経験はしてるんですよ。ちんどん屋さんにくっついて歩いて、俺も迷子になったことがあるよって。（菊乃家親方）

子供のころの記憶では、好きで追い掛けたりして。追い掛けたんだけど、見失ってすごく不思議な、本当に神様のような存在だった。突然路地の横からフッと音がして出てきて、神様のように現れて、あっという間にいなくなるという、この登場した瞬間から扮装と鳴り物で日常の空気が変わってしまう。サッといなくなるとまた元の日常に戻るみたいなものが好きですかね。（高田氏）

ハーメルンの笛吹き男のように、ちんどん屋の歩みに子供たちが追随する。そのような追随を可能にさせているのが、ちんどん屋の歩きの緩やかさでもある。活動と休止の入れ替わりは、迷子になったり、見失ったり、空間の変転を強烈に意識させる。追随する子どもの一方で、ちんどん屋の異様な姿に恐怖を覚え、泣き出す子どもたちもいる。ここで示されるのは、日常の空気の変容であり、そのような異化作用をもつものとしてのちんどん屋である。ちんどん屋の三つの実践の最後として、まなざしの交錯と、都市を歩くことの結節点に、ちんどん屋の実践としての「変えること」が位置づけられるであろう。

図4　2006年、中野新橋

column 05

ちんどん太鼓

ちんどん屋を語る上で、ちんどん太鼓について記さないわけにはいかない。ちんどん屋が、楽隊広告（ジンタ）や他の広告業者と対比してもっとも特異な点は、ちんどん太鼓というモノが自らの形態の中心に据えられたことであり、この太鼓によって彼らの存在の根幹が支えられていることである。

ちんどん太鼓は、地域や奏者によって、そのバリエーションに富んでいるが、大胴《おおどう》、締め太鼓、鉦の三種の打楽器を組み合わせ、独奏できるように作られている点は、おおむね共通している。この楽器は大正年間に考案されたと伝えられており、菊乃家親方の証言によれば、当初は鉦ではなくドラが用いられていたという。一人の奏者が演奏できるように工夫された打楽器の複合体であるという特性から、ちんどん太鼓は、ドラムセットとの類比で説明されることもある。

ちんどん太鼓の最大の特徴は、移動可能性にある。打楽器が縦に配置されていることで、担ぎ手は細い路地でも容易に演奏し、歩くことができる。このことから、ちんどん太鼓は、路上広告のための道具として注目され、活用されるようになった。

この楽器は、吹奏楽器のように奏者の口をふさぐ必要がないため、宣伝文句の口上も可能にした。三味線は、ちんどん屋のように路上で流しをする習慣がすでにあったため、ちんどん太鼓の最良のパートナーとなった。太鼓奏者が、単独、もしくは小編成で宣伝できるようになったことによって、楽隊広告には手の出せなかった地域の小商店の店主たちも、広告の費用をまかなうことができるようになった。

こうして、ちんどん太鼓という「装置」は、身軽に歩き、口上を切り、広告する身体を成立可能にした。社会の変化に敏感に反応しつつも、ちんどん屋たちは、自らのルーツであるちんどん太鼓を手放そうとはしない。ちんどん太鼓は、他の多くの楽器とは異なって、きわめて実用に即した楽器なのであり、「ちんどん屋」という存在そのものまでも生み出したモノなのである。

（周東美材）

4　変えること――空気の隠喩

ちんどん屋は、独特の姿に変わる。化粧や衣装で飾り、音楽を演奏し、口上をきる。同時にこれらの一連の実践を通じて、街の日常に揺さぶりをかけ、空間を異化していく。このような「変わること」と「変えること」の交錯を通じて、なにか神秘的なものであるかのような「空気」を帯びる。だから、この異化作用を、高田氏と永田氏は「空気」というメタファーを通じて語るのだ。

空気を読んで、これ以上長くいたら苦情が来るなというのを見計らって、その前に逃げるんですよ。（高田氏）

町の中の空気に溶け込む。自然にそこにいて邪魔じゃなくなるという。だから、あまり瞬間的にガーッとやると、例えば大道芸の人たちは一瞬にしてパッと集めて、何かアピールしてお金を稼がなくちゃいけないという瞬発力がいると思うんですけど、僕らはちょっと違うんですよ。緩くやらないとだめなんですよ。（高田氏）

彼らはちんどん屋の技芸を、「空気を読み」「空気になること」であるという。周囲の反応を明敏に読み取り、同時にその空間に溶け込み人々をひきつけていくのだ。だが、ちんどん屋の装いを解いて再び同じ街を歩くとき、高田氏らは「透明人間」のように感じるという。ここでもまた、透明さという「空気」が問題となっているといえるだろう。

まあ面白いのは、仕事をした次の日に普通の格好をして同じ場所に行くと、逆に隠れているというか、スパイのように、透明人間になったように見えるときもあるんです（笑）。不思議なものですね。でも見方は、やっぱりやっているときと同じ見方で見えますよね。というのは、下見に行くときもあるんですよ。下見に行くときも、やっぱり透明人間になったつもりで、明日ここでやるんだと思って、どんな感じかなとチェックしながら見るというのは、やっぱりやっているときの目で見ますからね。（永田氏）

では、この両者の空気にはいかなる違いがあるのだろうか。前者の空気は、ちんどん屋の技芸を表現するものであり、いわば濃厚である。他方、後者の空気は、自己の居場所の喪失という点でより希薄なものである。ちんどん屋の技芸は、前者の「空気になる」ことであり、その濃厚さの反動として、普段歩く街において自らを希薄に感じるのだ。

ちんどん屋は、見られるという視覚的なものにとどまらない。音楽や口上といった声を通じて、街の空気に侵入していく。街での演奏は、いやおうなく人々の耳に届いていく。それは、複数の匿名な他者に向けられるものである。音楽大学に在学しつつ早稲田のちんどん研究会に参加する女性は、コンサートホールでの演奏とちんどん屋での活動を対照的に説明する。

自分が今までやっている音楽っていうのはコンサートホールとかでやる音楽で、いわゆる、聴きに来てくれるお客さんっていうのは、こっちが呼び出してむこうが聴きに来てくれるっていうコミュニケーションなんですけど。ちんどんになると、ほんとに人の日常に入っていく、もう住宅街に入って、宣伝なんですけど、結局、そのゾクゾク感っていうか、あの、でも人の耳に入って、ああ楽しそうっていう、その空気を伝えることが、楽しい音が聞こえてきたらやっぱり嬉しくなっちゃうし、そうそこですね。（早稲田、Tさん）

ちんどん屋の実践は、コンサートが持っているような演奏者と聴衆の関係性を逆転させる。自らが移動し、関心のない人々の日常に侵入し、音といっしょに「空気」を伝える。それは、街を「楽しそう」にするが、その快感は「ゾクゾク感」という身体への反響によって語られる。

自ら能動的に街の空気へと侵入し、自分と他者との境界を越えて行くような技芸は演奏に留まらない。宣伝活動のための文句としての、ちんどん屋の「口上」は、同様のコミュニケーション様式であると考えることができる。「口上」は、宣伝対象の魅力について、街の人々に語りかけるものだが、それは、柔軟性を必要とする。

口上、口上ってちんどん屋さんにとって一番大事なことなんですけど、決まりきったことを言うんじゃなくて、やっぱり臨機応変さが好きっていう、ちんどん屋さんの。なんて言うんだろう。路上で、ううん、話かけるみたいなほんとに、こう言おうとかそうじゃなくて、自然に自分から言えるような、私最近ちんどん練習してるんでとくにそう思うんですけど、そういうのもずっとやりたいなって思ってて。（早稲田、Uさん）

音楽や口上は、「笑顔」とはまた違ったかたちでのコミュニケーションの可能性を示すものである。広告として「見られる」存在であったちんどん屋は、音楽や向上を通してむしろ積極的に街の空気へと侵入し、それを変容させていく。そしてただ人々を見るだけではなく、人々に向って語りかける存在ともなる。このようなちんどん屋の実践として、街を歩くことを通じ、人々とのつながりが生じていく。

やっぱり、知らない人と触れ合えるっていうか、いろんな人を知る、一瞬でも知り合いになってしまった感じ、普通に歩いていたら絶対無理だし、あと何でしょうね、やっぱりいろんな出会いが、いい出会い、悪い出会い含め。（早稲田、Wさん、女性）

column 06

電車に揺られるちんどん屋

ある時、都内の電車で三人の若手ちんどん屋に遭遇したことがある。衣装を着て、化粧もしている姿である。空いた車内で隣り合って座席につき、他の乗客と同じように互いに話をしている光景が、なんとも不思議で滑稽な感じがしたものだ。太鼓も鳴らさず、口上もきらず、ただ電車に揺られるちんどん屋。しかしその時、彼らの日常とちんどん屋であることの奇妙な重なりを見るような気がした。

若手ちんどん屋の中には、初めて化粧をした時、衣装を纏った時に「うきうき」し、普段の自分からちんどん屋へ変わっていく感覚を持つ者も多い。白粉やカツラや楽器などの商売道具は、ちんどん屋に変わるためには必要不可欠である。それらを身につけて仕事現場へ出向き、練習を重ねた技術を披露する時、彼らは自分自身をちんどん屋であると感じる。

しかし、菊乃家親方は、化粧をすることも、映画スターの格好を真似ることも、更には拡声器を使うことも、初めは違和感を持って迎えていた。彼にとってのちんどん屋は、自分自身の生活空間を含む、歩いていける範囲の馴染みある地域の関係性の中で営まれた広告業だ。彼は、決してちんどん屋に変身するわけではない。地域の一員として根を下ろし、「あんちゃん」と呼ばれながら生身の人間として仕事をする。そうした彼にとって化粧やド派手な衣装とは、ちんどん屋が本来持つその親しさを逆に削いでしまうような、必要以上の飾り立てであると感じられたのではないか。

菊乃家親方の身体感覚は、電車で行く仕事現場が増えた現在でも変わっていない。彼は、たとえ現場が新幹線や飛行機を使うような場合でも、必ず身支度は全て自宅で済ませてから出かけて行く。私にとって電車内のちんどん屋が印象的だったのは、普段路上で見る彼らとの相違が奇妙であったからだけではない。その光景から、妙に彼らの日常と連なっているであろう生身を見た気がして、親しみを感じたからなのだと思う。

（鳥海希世子）

ちんどん屋の音は誰にでも届き、ちんどん屋の姿は誰にでも見られる。そのような他者のまなざしにさらされ、他者へと音を伝えることを通じて、自らは空気になっていく。そこに見出されるのは確立した自己ではない。そうではなく、緩やかに開かれ、変容可能性を留めた、自己の有り方なのではないだろうか。そしてちんどん屋とはそのような自己が現出するコミュニケーションの場なのである。

だが空気であることは、常に消失の可能性にさらされていることを示す。ちんどん屋は都市を歩く活動であるゆえに、都市に自らの存在を刻印し持続させる行為性ではない。この出現と消失の繰り返しによって、ちんどん屋の存在は懐古と新奇さにさらされ、〈古さ〉が〈新しさ〉として蘇り、帰還するのである。

5　ちんどん屋の可能性——都市とメディアの交錯地点での生

ちんどん屋を取り巻く都市空間は変容している。再開発計画、団地やマンションといった高層住宅の増加、それに伴う商店街の衰退と大型量販店やスーパーの出現、あるいは車の交通量の増加など。それは従来ちんどん屋が顧客としていた商店街やマーケットが地盤沈下していくことを示す。しかし一方で、ちんどん屋は昭和三〇年代からパチンコ屋と結びつき、また若手の親方衆はインターネットなどを通じて新たな顧客を新規開拓している。たとえば、我々がインタビューをした、宝くじのロッタリーサービスは、その訴求力に注目し、新たなクライアントとなった。

もちろん、このような都市空間の変容は、大きくちんどん屋の実践を規定するものとなるであろう。だが、たとえその活動が変容しようとも、ちんどん屋という実践は消失しないのではないだろうか。空間が規格化され道路が拡張した結果、町の中で音が拡散してしまうという事態に直面したとき、ちんどん屋は拡声器を用いる。人々をひきつけるために音楽や口上で足りなければ、風船で犬を作成するなどの新しい芸を習得する。

高田氏は、笑いながら、「古くさい衰退産業」、「絶滅寸前産業」と自称する。おそらくちんどん屋が変容しつづけるのは確かであり、時間の経過の中で彼らの実践の痕跡も失われていくだろう。だが、その〈古さ〉は、〈新しさ〉となって現在に再召喚されている。この〈古さ〉と〈新しさ〉の交錯にこそ、ちんどん屋の実践の可能性が見出されるのではないか。

確かに、活動の場である都市自体が、資本の力に晒され変容しつづけている。メディア環境、あるいは都市というメディアそのものも変化を止めない。そして、路上をめぐる管理のポリティクスの増大は、彼らから空間を収奪するものとみなすことができるかもしれない。しかし、そのような構造的な力動の中で、ちんどん屋の実践は残りつづけ、「魅力」として再来する。

そのような実践は「管理／抵抗」という整理の中に収まりきるものではない。彼らは宣伝活動を行っているのであり、その営利目的のために、都市を利用しているのだ。都市を管理する公権力の存在は、彼らのインタビューからも見出すことはできるが、ちんどん屋が選ぶ戦術は抵抗ではなく調停である。さらに言葉を続けるのであれば、彼らは抵抗の担い手となるような強い主体ではない。宣伝活動としてメディアになること、見られることにおいて、彼らは他者へと境界を開いていく。

しかし、同時に、我々はちんどん屋の実践に「抵抗」を見出すこともできる。ちんどん屋はそれ自体で充足した主体ではなく、都市空間の関係性の中で現象する。このような都市空間の関係性の中の実践は、都市という規定性を被りながらもそれを利用していく行為性を示す。言い換えるならば、ちんどん屋の実践が示しだす問題系とは、「抵抗」という概念そのものの再定義の可能性なのだ。

大きな変化を身に受けながらも、少しずつずらして実践していく。そのような「弱い」流用こそを、我々は「抵抗」と呼ぶべきではないだろうか。ちんどん屋に求められるもの、ちんどん屋が示しだすもの、そしてちんどん屋の魅力として浮かび上がるものは、「アドリブにアドリブをどんどん重ねていくみたいな、そういう適応力」（早稲田、Tさん）なのだ。


（新倉貴仁）

2 ちんどん屋のライフヒストリー

1 問題の所在

本章は、戦前・戦後の東京を生きた一人のちんどん屋の軌跡を追うことによって、変貌する都市とメディア環境に対して、ちんどん屋がいかに関わってきたのかを明らかにするとともに、都市とメディアの歴史の一側面を個人史から逆照射するものである。

ちんどん屋の歴史に関しては、ジャーナリスティックな記録や概括的な検討は散見されるものの、本格的な研究はほとんどなされてこなかったようだ。学術的な見地に立った論考としては、細川周平による一連の考察（細川 1991・1992・1994）がほぼ唯一のものとしてあげられる。だが、細川の論考にも問題がないわけではない。

細川は、ちんどん屋を楽隊と定義し、西洋音楽の日本化・大衆化や、日本音楽の近代化について、ちんどん屋を事例として積極的に論じている（細川 1992）。たしかに、近代日本の音楽文化を考えるにあたって、ちんどん屋が示唆する事柄は多い。しかし、ちんどん屋は音楽の専門家でもなければ、彼ら自身も自らを音楽家だとは思っていない。むしろ彼らは仕事を効果的に行うための手段のひとつとして音楽を利用しているに過ぎない。このような事実を考慮しないで過度に音楽性を強調してしまうと、当事者の実感との乖離を生み、空理空論に陥りかねない。

そもそも、ちんどん屋について学術的に探求するためには、検討すべき課題は多く、信頼できるデータもまだ十分整理されているとはいえないのが現状である。ちんどん屋をめぐる経験は、個別の事情や地域性などによって多様であるため、当事者の間でさえ事実に対する説明が食い違うこともあるほど、実態の把握が難しい。

こうした実情をふまえると、新たな視座からの確かな資料の収集と整理が必要なのは明らかだ。そのためにはまず、当事者の生の「声」を拾い集める作業が不可欠である。当事者の実感を理解するうえで、都市空間やメディア環境の物質的な変容とちんどん屋との関係に着目することは、有効な視座となりうる。このことによって初めて、ちんどん屋が時代の変化のなかで何を感じ、どのように生きてきたのかを描くことが可能となるからだ。重要なのは、ちんどん屋の正史や「真実」を確定することではなく、当事者の経験や見方の探求にある。

本章では、最年長のちんどん屋・菊乃家〆丸親方から直接聞き取った語りをもとに、都市空間やメディアという視座から、ライフヒストリーを再構成していく。菊乃家〆丸（本名・大井正明、通称・大井勘至）は、一九一七年（大正六年）、東京市本所区徳右衛門町（現・墨田区菊川）に生まれ、向島区吾嬬《あづま》町西六丁目（現・墨田区八広）で育ち、昭和初期から親方として活動したちんどん屋である。菊乃家親方は、現在において戦前のちんどん屋業界を語ることのできる数少ない人物の一人であり、このインタビューによって得られた彼の証言は、ちんどん屋の歴史をふまえるうえで、不可欠な一次資料である。そればかりか、この資料は日本における芸能、都市、広告、大衆文化などにおける諸問題を理解する際にも、新たな事実や視座を提供するものとなろう。

図1　1970年代頃の親方

これまでも菊乃家親方は、書籍、新聞、雑誌、ラジオ・テレビ出演などを通じて、さまざまな取材を受けてきた。今回のインタビューでは、それらの記事を参照しつつも、学術的に重要と思われる証言を、新たに引き出すよう努めた。なお、インタビューは主として親方を対象に行ったが、妻・大井さな江氏にも可能な限り同席してもらい、菊乃家親方の記憶違いを適宜修正していただいた。

2　戦前・下町に鳴り響くちんどん

2-1　ちんどん太鼓で遊ぶ

幼少期の大井正明、後の菊乃家〆丸親方は、物静かな性格で、取り立てて目立つことはなかった。一九二三年（大正一二年）の関東大震災により、親方の住む本所区は壊滅的な被害を受け、一家は向島区吾嬬町に引っ越し、その地で彼は、周囲の子どもたちと同じ環境に育ち、小学校へと通った。

彼は、幼いころから「勉強」をするのが好きだった。学校では「嫌いな算数も、好きな国語はなおさらのことで、一生懸命習うことは習っていた」という。しかし、とりわけ、当時「唱歌」と呼ばれていた現在の音楽科にあたる授業に関しては、彼はこんなことを言っている。

嫌いなのは体操と唱歌。唱歌の時間なんか大嫌いだからね。そういうときはなるたけ、〔授業を〕抜けちゃうことばっかり考えてたね。／唱歌大嫌い。今でもそう思うけど、おれは音痴なんだよね、確かにね。今でもそうですよ。だから今でも流行歌なんか覚えられないね。流行歌、ほんとにおれ、覚え悪いもん。だから、楽器〔アルト・サックス〕がうちにあるけども、その楽器も吹いてみても、やっぱり覚えが悪いね。歌に関するようなことは、やっぱりだめだね。

「音楽」の授業や流行歌への苦手意識を語る一方で、小学校六年生のころから、彼はすでにちんどん太鼓を叩き始めている。ちんどん太鼓は、当時まだ普及し始めたばかりの楽器であり、今もなお、ちんどん屋の中心に据えられている楽器である。幼少期におけるこの楽器との出会いについて、彼は次のように述懐した。

一二円五〇銭の太鼓を、学校から帰ってきちゃ、叩いてた。習うっていうより、いたずらだよね。いたずらしてたんだ。／いたずらしてやってたくらいだから、習ってたときは、別に嫌でもなけりゃ、結構叩くの好きだったんだろうね。覚えちゃったんだからね。

親方にとってちんどん太鼓は、学校での唱歌教育とはまったく別の世界に存在していた。彼は唱歌や流行歌を疎ましく思いながらも、ちんどん太鼓では「いたずら」をしていた。稽古も手本もなかったが、彼はちんどん太鼓をおもちゃ代わりに遊び、日々の暮らしのなかでこれを身につけていったのである。

少年期の親方に、ちんどん太鼓を叩くきっかけを与えたのは、近所で三味線流しの仕事をしていた母親のハルであった。親方はその思い出を口にした。

〔ちんどん太鼓は〕おふくろが覚えるつもりで買ってきて、それがうちにあった。だけど、叩いて覚えたのは、あたしが覚えちゃったんだ。おふくろは、とうとう死ぬまで叩けない。

ハルは一八八三年（明治一六年）に生まれ、東京・上野の比較的裕福な家に育ち、幼少のころから常磐津や三味線の手ほどきを受けていた。当時の東京の下町では、ある程度経済的な余裕のある家では、女児に長唄などを稽古させる慣習があり、三味線は日々の暮らしのなかに広く根付いていたのである。三味線流しをしていた母は、仕事のためにちんどん太鼓を購入したが、彼女はこれを覚えることなく部屋の片隅に置き放っていた。幼かった親方にとっては、ちんどん太鼓は特別なものではなく、ごく身近な道具として家にあったのである。

母の弾く三味線もまた、親方にとっては日常的なものであり、彼が太鼓を習得する際には、影響を及ぼした。太鼓を叩きながら覚えた楽曲について、親方はこのように語る。

おふくろが三味線弾きだから、あたしが覚える太鼓も、そういうものに合わせて覚えちゃった。／「音楽」っていうよりも、〔ちんどん太鼓の〕相手が三味線の人だから、あたしが唄みたいのをやるのは、全部地囃子もんの三味線の曲だね。だから、楽器の人が吹くものとちょいと違って、地囃子もんだから、日本の。芸者の人たちが唄うような歌ばっかり。たとえば軽く、わかりよく言えば、「野毛の山からノーエ」とか、〈越後獅子〉とか、〈春雨〉とか、そういうような三味線の曲ばっかり。

親方が回想するように、彼はあえて三味線の曲を覚えたわけではなかった。レコードもラジオもまだ珍しかった一九二〇年代、東京の下町では三味線が鳴り響き、今では忘れられた音の世界がごく普通に広がっていた。〈竹雀《たけす》〉、〈四丁目〉、〈米洗い〉など、歌舞伎や寄席の下座音楽を源流とする「地囃子もんの三味線の曲」は、現在でもちんどん屋のレパートリーに残っている。これら在来の音楽は、西洋音楽の訓練を受けた「楽器の人」が奏でるような「音楽」とは、根本的に違う響きをもっていた。

親方がちんどん太鼓で遊ぶ背景には、母親や三味線楽の存在があった。親方にとって、ちんどん太鼓はおもちゃであり、その音は三味線とともに、日常生活のなかに溶けこんでいた。今日ではなじみの薄くなったこれらの楽器とリテラシーを備給していたのは、東京の下町という都市空間そのものだったのだ。

2-2 ちんどん屋になる

小学校を卒業して間もなく、親方は本格的にちんどん屋業を始め、「菊乃家」の屋号を名乗った。生活を支えるためのやむをえない選択だったが、彼はちんどん屋を「堅い」仕事とは思えず、「大嫌い」だと感じていた。

親方がちんどん屋を「旗揚げ」したころは、「ちんどん屋」の呼称が普及した時期にあたる。震災による東京の都市空間の劇的な変容とちんどん太鼓の普及を受けて、ちんどん屋は新たな広告業者として注目を引き、往来の人々の人気を呼んだ。しかし、「ちんどん屋」という呼び名には、蔑みの含意があった。親方は、当時自らが「ちんどん屋」と呼ばれたことに対して、次のような感想を洩らしている。

抵抗はあったね、やっぱりね、うん。嫌なんだから。別にあたしなんかは平気だけど。人によると、相対してしゃべってるときとか、あるいは陰で話が出ても「ちんどん屋」って言われるのは、だいぶこう、卑下されてるような感じをもったね、うん。また事実そうなんだから。結構、人を馬鹿にしてたんだからね。

このような状況のなかでも、母親は息子の仕事に反対することはなく、むしろ熟練の三味線弾きとして彼の相棒を務めた。親方が仕事を始めたころのちんどん屋の基本形態は、大規模な楽隊広告などとは異なり、小規模編成が通常だった。ちんどん太鼓奏者が単独で歩くことも多く、それに三味線、旗持ち、ビラ撒きが加わる程度で、せいぜい三人一組だった。

若き親方は、ちんどん屋業で生活の糧を得るために、それまでの遊びとは違う技術的な習熟が必要であった。そのとき彼は、近所の先輩ちんどん屋の口上や太鼓の叩き方などを参考にした。親方は述懐する。

自分がだんだんそれを商売みたいにやるようになっちゃったから、人のやってんのは、やっぱりなんとなく気にはなってきてるね。うまい人がいると、黙ってて後からくっついて歩いて、その手を覚えようとかね。

「芸は見て盗む」ものであり、彼が本格的に技を習得するうえで、身近な先達者の存在は重要だった。

加えて、住居が浅草に程近かったことも、彼にとっては好都合だった。大正から昭和にかけての浅草といえば、映画、歌劇、落語、漫才などの専門館が建ち並ぶ、娯楽の中心地である。彼は、特殊な道具や鳴り物もそこで買い揃えることができた。また、宣伝技術を磨くため、暇があればネタ拾いに浅草へ出かけ、メモを片手に口上、文句、余興などの「勉強」をすることもできたのである。

仕事を始めて間もなくのころは、安定した顧客の確保が必要だった。そこで親方は、彼が「外交」と呼ぶ、宣伝依頼の取り付けに出かけ、「得意先」の獲得に努めた。「外交」は、親方の人生のなかでも、もっとも苦心した仕事のひとつだった。親方は、そのときの苦心を力強く語った。

暇があるときは、仕事を決めてお得意さんを作らなきゃなんないでしょ。だからそれが結構忙しいんだよね。うちになんか落ち着いてらんないですよ。もう年中自転車で飛び回って、どっかで開店があるっていえば、もうそこへ行って、仕事の注文を探してこないと。こら大変ですよ。／〔子どもだからといって相手は〕優しくしないよ。かえって馬鹿にしちゃって、優しくというよりも乱暴になっちゃうね。「ちんどん屋ですけど」、「あら、なんだ、ちんどん屋か」ってなもんで。そんなんですよ。

もともと望んで始めた仕事でないうえに、技芸の修練や仕事取りの苦労が絶えなかった。にもかかわらず、親方がちんどん屋を続けられたのは、この仕事に「面白み」があったからだ。彼はそれを澱みのない口調で語った。

毎日がね、行く先変わるんだよ。相棒も変わる。毎日毎日同じことやってるんじゃないんだから、やることが毎日毎日、行く先も店も、自分のやることも変わる。だからそこに面白みがある。勉強もできる。だからあたしが言うように、〔ちんどん屋は〕嫌いだ。けど、始めた〔理由〕というのは、あたし自体は小学校卒業、だけども勉強はしたい。で、勉強するにはちんどん屋が一番いいんだよ。それはなぜいいかっていうとね、予習復習する時間がたっぷりある。ちんどん屋の場合は、いくら忙しくって、たとえば今日明日が夢中になって飛んで歩いて、人も頼んで五人一〇人で仕事をやってても、その後先ってのは、けろっと休んでいるときがざらなんですよ、一年中いつでも。だから、やる気があれば相当勉強できる。だから私は大嫌いな仕事なんだけど、半分は家庭のこともあるけれども、半分は勉強ができるんで、始めたんだから。

変化に満ちた日々の仕事のなかで、「面白み」を発見し、そこから「勉強」することができる。休みの時間を利用して、学業に励み「勉強」することもできる。親方はそう考え、ちんどん屋になった。後述するように、いつでも「勉強」をしていたいという親方の態度は、彼の生涯を貫く基本的な構えであり、そこからはちんどん屋ならではの柔軟性を見てとることができる。

2−3　下町で鳴らす

親方が菊乃家を起業した当時、ちんどん屋は下町の地域性と不可分に存在していた。都市空間はちんどん屋の広告方法の重要な決定要因となるが、親方は仕事と町並みの関係について、次のように語った。

あたしらね、一番やりいいのはね、下町が一番やりいいんですよ。あまりいい場所ってね、やりづらいの。／そりゃもう、ごみごみしてるようなとこね、下町らしいとこ。そういうとこのほうが、仕事はやりいいやね、確かにね。

親方にとっては、下町が「やりいい」場所だった。ちんどん屋は、広告を出す商店のために、少しでも多くの客を店に呼び込む必要がある。そのため、町に商店や人出が多いこと、障害となる大きな建物や騒音がないこと、道路が狭く入り組んでいることなどが、仕事のうえで重要な条件となった。

戦前のちんどん屋の仕事で多かったのは、近所の商店の開店や売り出しなどの宣伝だった。商店は、毎月一度か二度、売り出しの日を設けることが多かったので、ちんどん屋たちは得意先から毎月一定の仕事を請け負うことができた。商店主は住居が自分の店とどの程度近いかを基準に仕事を依頼していたので、親方は、自らの住む地域をほとんど出ることなく、地域の広告屋として活動していた。通りを行き交う地域の人々にとっても、ちんどん屋の作り出す賑わいは、貴重な娯楽の機会となった。地域を介して、ちんどん屋たちは商店や住人との間に親密さを形成していったのである。

個人商店が多い下町地域には、ちんどん屋の仕事も多く、ちんどん屋を営む人の数も多かった。当時の下町の人々にとって、ちんどん屋の存在は珍しいものではなく、親方の住む吾嬬町周辺にもちんどん屋は多かった。そのころの様子について、親方は、次のような事実を繰り返し述べた。

ちんどん屋が多かったのは、ここいらが多い。ここいらと荒川区、やっぱりあと、亀戸。そんなに大勢の仲間がいるんだけれども、その範囲内で一年中を通せるくらい仕事があったの。

隣近所には見知らぬちんどん屋が無数におり、仕事先は自分の住む地域が中心だった。今ではよくある電車出勤は珍しく、近場の仕事だけで親方は生計を立てることができたのである。この時代のちんどん屋の活動範囲は、移動や連絡手段であった自転車で移動できる範囲と同じだった。

このような空間的な配置のなかで、次第に同業者との親しい付き合いも生まれた。しかし、同業者同士の「縄張り」意識も根強く存在していた。親方は往時を追懐し、このように語った。

自分の家の近くへよそのちんどん屋が来てやってるってえと、相当うるさかった。だから、私らが吾嬬町にいるんだけども、埼玉のほうへ仕事に行ったときに、そこにちんどん屋があることを知ってれば、「ろうずを通す」っていって、そこの家へ挨拶に行くんですよ、ちゃんとね。で、「お宅の近く来て、仕事やらせてもらいますけど、よろしくお願いします」ってゆえば、そこのちんどん屋が「ああ、ご苦労さんですね。うち来て一服しなさいよ。帰りに寄って一杯飲んでいきなさい」っていうように、〔もめごとにはならず〕いいんだよ。これを一言も挨拶しないで行くと、大変なの。

「縄張り」の慣習が破られた場合には、怒った相手のちんどん屋が「意地悪くじゃんじゃん叩いたり」、「自分とこの若い衆連れてきて七人も八人もでもって団体組んで」きたり、ときにはけんかを売ってくることまでもあったという。

とはいえ、近所の「商売仲間」の間には、一定の距離を置きつつも、親しい交流もあった。たとえば、彼らには仕事の人手が足りなくなったときに、「出方」と呼ばれる手助けを相互に派遣し合う習慣があった。また、あるちんどん屋が一度に多くの仕事を請けたときには、仲間にその仕事を紹介する、「世話をする」こともあった。同業者は、お互いに近所の遊び仲間でもあり、この若き親方も親しみを込めて「あんちゃん」と呼ばれていた。

同業者同士の親しい付き合いは、次のような「大きな仕事」も可能にした。あまり知られていない事実であるが、戦前のちんどん屋たちは、全国規模の宣伝を請けることがしばしばあったのだ。親方は次のように回想する。

たとえばライスカレーならライスカレーの粉を宣伝するのに、あるいはマツダランプのランプの宣伝をするのに、ここいらだけやってたってしょうがない。全国やらなきゃ。それがだいたい大きな仕事ってんだよね。／〔仕事は〕たとえば一軒のちんどん屋が、一〇組とか二〇組とかっていうふうに頼まれる。頼まれたらその人間が〔人手を〕作って頼んでくれた人んところへ、言われたように人間を回すと。そういう仕事もあった。

戦前に親方が実際に携わった仕事には日活、講談社、ミツウロコなどの宣伝があった。まだ電話もテレビもない時代に、このような大規模な広告を可能にし、注文通りに大勢のちんどん屋を「回す」ことができたのは、同業者同士の親しい付き合いがあったからである。

このように、下町ならではの地域的条件は、親方がちんどん屋を始める際にきわめて有益だった。相棒の母親、先輩のちんどん屋たちや浅草の芸能者たちは、親方の技芸の習熟に大きな影響を与えた。商店の多さや下町らしい町並みは、宣伝を効果的に演出するうえで重要だった。下町における同業者の多さと交流は、相互に支え合うネットワークの形成を促した。親方は、地域の広告業者として、また一生活者として、人々の暮らしのなかに溶け込んでいた。彼は下町の都市空間に密着し、これを利用しながら下町の生活や風景の一部を形作っていたのである。

2-4　ちんどん屋を離れる

若くしてちんどん屋を旗揚げした菊乃家親方は、地域の人々に支えられながら、順調に仕事をこなしていった。親方は、昼間はちんどん屋として働き、夜間には業平商工学校、吾嬬青年訓練所、駿台高等予備学校などにも通い、大学進学を目指して学業に励んだ。しかし、年齢や生活の事情から、ちんどん屋と学業との両立生活も難しくなっていった。さらに、戦時色を強めつつある時勢は、親方に次のような変化をもたらした。

あたしゃね、四〇になったって五〇になったってね、大学くらいは入ろうという意気込みはあったから。そしたらね、なんだかんだってね、親戚の人も口添えがあって、「ちんどん屋をね、辞めなさい」と。「陸軍造兵廠へ入れるようにするから、お勤めをした方がいいよ」と。そうするとお嫁さんもらうのにも、…お嫁さんも安心して来られる〔から〕。

一九三八年（昭和一三年）ころ、親方はちんどん屋を辞め、造兵廠に勤務するようになった。勤務のため、夜間学校への通学も困難となり、学業を諦めざるをえなくなった。こうして親方は、嫌いだったちんどん屋からも、好きだった「勉強」からも離れていく。

とはいえ、当の本人は、「造兵廠」での勤務に、きわめて消極的だった。そのころを振り返って彼は、

「ちんどん屋も嫌いなんだけど、お勤めはもっと嫌い」と洩らす。ちんどん屋の自由な生活に慣れてきた彼にとって、「お勤め」による拘束や上司の命令は、耐え難いものだった。ちんどん屋とは違って収入面での安定は得られるものの、彼はしばしば出勤を怠け、「ずる休み」することも増えていった。そして、こうした生活のなかで、幼馴染みであったさな江氏と結婚した。

時局は、ますます戦争へと傾いていた。一九四四年(昭和一九年)、彼のもとにも「召集」の知らせがやってくる。同年二月に長男が誕生して間もなく、三月には溝口の連隊へ入隊し、甲府の東部四九連隊へ配属された。上官の事務室勤務が命じられたので、戦地での惨劇に直面することなく、彼は終戦を迎える。

一九四五年(昭和二〇年)三月一〇日未明の東京大空襲で家族は焼け出され、現在の住まいである吾嬬町西四丁目(現・墨田区京島)に新たな住居を得ていた。彼は、終戦後この地で家族との再会を果たし、新たな生活を始めた。この地域は、震災や戦災による被害を逃れ、戦後も区画整理もなされなかったため、戦前からの景観や入り組んだ路地の姿を、今も留めている。こうした町並みが残ったことは、ちんどん屋たちにとっては幸いだった。

終戦直後は、日々食べるだけで精一杯だった。そのころ彼が手をつけた仕事には、空き缶拾い、魚の行商、あんこ玉・シュウマイ・飴玉の製造と販売、アサリの行商、コークス屋、のしイカ屋などがある。いずれの仕事も商品を自ら作ったり仕入れたりして、販売する仕事であった。また、かつての得意先から仕事の紹介をしてもらったこともあった。次のような経験は、下町のちんどん屋であった親方ならではの言葉だろう。

戦争で兵隊から帰ってきて、兵隊から帰ってきてから仕事はない。なんの仕事しようかなっていうころに、昔ちんどんをやっていた酒屋の旦那がいろいろと心配してくれて、ま、面倒見てくれたんだけど。ま、こういうのは終戦後だけどね。あの、ほんとにあたしにとっては、ありがたいお得意さんだったってことだよね。

3　戦後・拡大するちんどん

3－1　ちんどん屋を再開する

終戦間もなくの慌しい生活のなか、地域の産業が復興してくるにつれて、ちんどん屋時代の仲間からの「出方」の依頼が、彼のもとに時折舞い込むようになった。とはいえ彼は、自身が再びちんどん屋になろうとは想像もしていなかった。当時を振り返って、親方はこのように回想した。

そうだねえ、〔再びちんどん屋をやろうとは〕考えてもみなかったねえ、うん。ま、それはやっぱりあれだろうな、根が好きじゃねえから、そうかもわからないけどね。うん。

親方のちんどん屋の再開には、偶然の側面もかなりあった。もともと再開する意志があったわけではなく、ちんどん屋以外の道を選ぶはずであった。仮にちんどん屋を続けるとしても、ちんどん屋は副業でも営むことができる仕事だったので、彼は本業を別にもつこともできた。実際に、彼の周りには、戦争を境にしてちんどん屋を辞めてしまった者も多かったのである。

しかし、偶然のきっかけであったとしても、同業者仲間の付き合いを生み出し、戦後もそれを温存してきた下町のちんどん屋のネットワークのなかに、親方が身を浸していた事実は見逃せない。彼が望んでちんどん屋を再開したわけではないにせよ、親方に再開を促し、それを支えた地域的なつながりを前提にしてこそ、彼のちんどん屋への復帰は可能になったのである。

3-2 楽士を迎える

終戦によって、ちんどん屋をめぐる状況は一変した。特に明確な変化は、ちんどん屋の外形にあらわれた。親方によれば、変化の主な要因となったのは、映画館やサーカス付きの洋楽系の楽士たちの参入だった。

第一の変化は、ちんどん屋の編成に洋楽器が加わったことである。それまでのちんどん屋の楽器の中心を占めてきた三味線が、ブラスバンドに取って代わられていった。当時の様子を、親方は次のように語る。

無声映画がトーキーになったから、映画館に必ずみんな、三味線、太鼓、楽器〔の奏者が〕、いたんだから、みんな失業したわけ。映画館の人たちが、みんなちんどん屋に入ってきたわけ。だから、ちんどん屋も楽器を吹いて。それまでは三味線とか太鼓だけでやる。そうすると楽器を吹く人が〔加わって〕、やっぱりクラリネットかなんかで、流行歌だとか、ちょんまげもんの歌を吹く。

一九三一年（昭和六年）以降、映画館は徐々に無声からトーキーへと移行した。それまで映画の伴奏音楽や休憩音楽を演奏してきた職業音楽家たちは、食い扶持を失っていき、その結果として、ちんどん屋の楽士となる者が増えた。親方がこうした楽士たちの参入をはっきりと意識したのは、戦後まもなくのころだった。

菊乃家の場合、親方と楽士の間にさほど親しい交流はなかったが、親方はいつも特定の楽士に仕事の打診をしており、報酬面でも親方に次いで高い額を楽士に与えていた。失業中の楽士にとっては、収入の安定という点で、ちんどん屋の仕事をするメリットは大きく、なかでも各地を巡業していたサーカスの楽士にとっては、定住が可能になる点でちんどん屋は好都合だった。

楽士たちは、親方の演奏する曲目にも変化を及ぼし、従来の地囃子系の三味線楽から、レコードの流行歌や「ちょんまげもんの歌」への移行を促した。洋楽の知識・経験のある楽士が音楽を担うようになるにつれて、流行歌や時代劇映画の主題歌が浸透し、ちんどん屋レパートリーの西洋音楽化が進行したのである。

第二に、服装に変化があらわれた。戦前のちんどん屋の衣装を思い起こして、親方はこのように回想する。

図2　化粧をするようになった頃の親方。
初めて作ったかつらを着けている（1950年代前半）

まあ、せいぜいね、きれいな着物を着るとか、普通の人よりは派手なものを身につけてはいるけども、特別にどうこうって変わった格好はしてないですね、戦前は。その昭和二〇年を境にして〔変わった〕。

戦後において服装に変化が生じたのには、次のような事情があったからである。

戦前は一緒に歩いてるのは、太鼓叩いてて三味線だからね。やっぱり和服のほうがさ、しっくりいくでしょう、洋服より。やっぱり洋服で三味線っていうのは、あんまりかっこよくないもんね。洋服だったらやっぱり、洋楽器になっちゃうね。

楽器は、服装に変化を及ぼし、音楽的な側面ばかりでなく、視覚的な側面にも影響を与えた。戦後の洋楽器への移行は、少なからずちんどん屋の「支度」に影響をもたらしている。戦前にはまれであった

図3　吾嬬国際劇場の宣伝で銭形平次の扮装をする親方（1950年代後半）

洋装や奇抜な扮装が、ちんどん屋たちの身体技法に徐々に定着していった。そうした変化に対応して、親方もまた、時代劇の扮装を真似るなどしながら、衣装の「勉強」をし、工夫を凝らした。

第三の変化は、白粉や化粧を施すようになったことである。現在では定番となったちんどん屋の化粧は、実は服装の変化に伴って発明されたものだった。当時の体験を、親方は苦々しく振り返る。

だいたいあたしらは、化粧なんてしないんだから。もうほんとにスッピンなんだから。うん。だいたいもう、化粧なんてもんは夢にも思わなかったから。だから、ううん、それでずうっと通ってきちゃってて、戦後、急に白粉を塗るようになったんだから。だから長年ちんどん屋をやってるんだけれども、あたしはね、ちんどん屋を辞めようなんて思ったことは普通はないんですよ。化粧をするようになったときだけね、ちんどん辞めようかなって思って、相当悩んだんさ。

化粧にまったく縁のなかった親方にとって、戦後の急展開は想像を超える出来事であった。彼は本気で仕事を辞めることまでも考えたが、宣伝のためにはいかなる手段を用いようとも、依頼主を満足させることがちんどん屋の本分であると考え、なお踏みとどまったのである。

ここまでみてきたように、楽士たちの参入は、ちんどん屋の編成、服装、化粧といった外形に変化をもたらした。楽士は親方の仕事にも西洋音楽のレパートリーや新たな音色の彩りを加え、身体と広告の技法を刷新したのである。このような新奇性や奇抜性が、騒音や派手な広告の増加する都市空間のなかで、他の多くのちんどん屋にとっても有効に作用したのは言うまでもない。これはちんどん屋の外部からもたらされた変化ではあったが、彼らは終戦直後の人材の流動を契機に自らを再編成し、流行現象も廃りゆく芸能も巧みに混合し、利用した。時代の変化のなかで、ちんどん屋たちはつねに新たな広告の仕方を探求し、雑多な要素を抱え込み、柔軟に自らを再編していったのである。

3-3 下町を離れる

高度経済成長期は、菊乃家親方がもっとも忙しい時期だった。商店街の隆盛は、ちんどん屋への広告依頼を増加させ、ちんどん屋業界は活気を取り戻していった。ちんどん屋の仕事は、通常吉日に行われるため、繁忙期でも休養がある。しかしこのころの親方は、無休で八〇日間以上働き続けたこともあり、多忙をきわめた。やがて広告や娯楽の中心を担うようになるテレビが現れ始めたころの様子について、親方は次のように振り返る。

テレビが出るころ。テレビの始まるころは、仕事が忙しいんでね、朝早くから夜遅くまでね、跳んで歩いてたんだ。一番もう、余裕のないころですね。

さらに、「コンクール」の勃興と、それに伴うちんどん屋の活動範囲の拡大は、親方のせわしさに拍車を掛けた。彼は、当時の忙しさを語って、このようにも追想する。

コンクールは、だいたい始まったのは〔昭和〕三〇年ごろで。そのちんどんコンクールが始まったころにはね、景気がいいし。だからあっちこっちあっちこっちね、仕事がね、あるんで。コンクールが始まって、しばらくの間はね、一ヶ月のうちにね、コンクールをやるだけでもね、一ヶ月分くらいは稼げた。

ちんどんコンクールは、戦後の産業復興事業を背景に、商工会議所や農協などが中心となって、日本各地で開催されていた。東京ばかりでなく秋田、山形、福島、新潟、富山、静岡、浜松、名古屋、一宮、大阪、九州方面など、親方は各地のコンクールに積極的に出かけた。

コンクールに出場するちんどん屋は、コンクール本番以外にも街を歩き、地元商店の宣伝を多数請け負った。そのためコンクールでは「一ヶ月分くらいは稼げた」のである。また、各地の商店主たちが、地方では珍しかったちんどん屋を目にし、後日あらためて広告を依頼することもあった。さらに、コンクールは次のような変化も生んだ。

〔コンクールの開始以前は〕世間の付き合いってのはないからね。だからそのコンクールが始まったんで、〔ちんどん屋同士が〕お互いが知り合うようになったから、口もきくしね、いろいろ商売の話もでるから、結構みんな、うちのほうへ仕事へ来たからけんかふっかけてやろうとかね、そんなことはなくなったね。

ここにあらわれた変化は、第一に、ちんどん屋の仕事の出先が広がり、「下町の広告屋」としてのありようが様変わりしたことである。徒歩や自転車ではなく、電車で見知らぬ土地の仕事先へ向かうというような、活動地域の拡大が生じた。第二に、ちんどん屋間の交流の拡大が促され、「世間の付き合い」が生まれた。その一方で、従来の地域のネットワークは、緩やかな解体へと向かい、かつての「縄張り」意識は消えていったのである。

そのうえ、この時期のちんどん屋業界全体にとって重要だったのは、新規参入者の減少である。妻・さな江氏は、当時を「極端に言って若い人いなかった」と振り返り、「ちんどん屋は年寄りが多かった」と語る。

図4　コンクールでの集合写真。
浜松商工会議所の前にて、左から2人目が親方（1950年代後半）

後継者の不足は、商店での仕事の減少傾向とも無関係ではないだろう。従来ちんどん屋が担っていた地域の商店広告は、徐々に新聞の折り込みチラシに移り変わっていった。親方は、このように証言する。

今はね、えらいみんな、新聞折り込み入ってるけどね、昔はあれをみんなちんどん屋が歩いて、そこへ広告配りが一人でも二人でも付いて、配ってたんだから。それがみんな、今、新聞のなかへ折り込みになっちゃってるけど、これ、だいたいちんどん屋が三人ぐらいで歩いて、旗持ちが一人付いて、そこへビラ配りが一人か二人は付いて、で、総勢四、五人ぐらいのちんどん屋が歩いてやってたんだから。

商店広告の減少の一方で、一九六〇年代半ばあたりからは、パチンコ屋の宣伝依頼が増加し始め、親方の仕事の大部分を占めるようになっていく。親方の場合、パチンコ屋の仕事は当初川崎が一番多く、これによって電車の移動が日常的なものとなっていった。店内に客を呼び込まなくてはならない商店の仕事に比べて、パチンコ屋は、すでに客が店前に並んでおり、すぐ満員にすることができる点で、気楽な仕事だったという。

戦後復興してきた街は、かつての雑然とした下町的な町並みとは様子が違っていた。同業者との交流の変化や、商店相手の仕事の減少を含め、ちんどん屋と下町との不即不離の関係は、もはや過去の記憶となりつつあった。とりわけ町並みは、住宅の団地化と建物の高層化というかたちで、鮮烈に変化した。親方は、語気鋭く言い募る。

松原団地なんかさ、あれ仕事行ったけどね。あの団地ができたとき、松原団地へ行って、あのなかにはね、四ヶ所ね、売店があるんですよ。今は知らないですよ、その松原団地ができたそのときの最初の売り出しに行ったんだから。A、B、C、D と四ヶ所ね、売り場があるの、あの団地のなかに。それでね、朝から晩まで仕事終わるまでね、ずうっとね、団地のなかやってきて、団地のなかだけ。立ちしょんべんもできねえんだよ。する場所ないもん。で、ちんどん屋だから人が見に来るし、子どもはくっついて来てるし、それはなんかやっぱりしょんべんするところがなきゃ、苦しんじゃうよ。そういうのでね、えれえひでえ目に遭ったんだけども。実際ね、ああいうようなとこだから、上にいる人にでも聞こえるようにね、拡声器が必要になっちゃう、うん。

松原団地は、一九六二年（昭和三七年）、埼玉県草加市に造成された当時最大規模の団地である。高層ビルの建造は、高度経済成長を背景に急速に進み、それまでのような商店、住居、路地が雑然と混在した下町的な空間とは、明らかに異質の都市空間が出現したのである。

「ごみごみ」とした「下町らしいとこ」が、親方が本来の力を発揮できる場所だった。親方は、その技で道を行き交う人々の注目を引き、客を呼び込んできた。建造物の高層化や騒音の増加は、ちんどん屋の生命線である口上を奪い、彼らには障害となった。

こうした空間的変容に対するちんどん屋の戦略は、「拡声器」の使用であった。親方は自らの声を改変し、拡張することで、依頼主の要求に応じていった。しかし、肉声で仕事をしてきた彼にとって、「拡声器」で語る口上には、大きな違和感があった。

あたしらね、昔ね、拡声器なんてないでしょ、始めたころ。だから、最近、最近だよな、まあ今からいや最近でもねえんだけど、拡声器を使って、しゃべったり歌ったりすりゃ楽だからみんなやってるけど、そういうのってのはね、やりづらかった。あたしらね、商売始めたときはね、生でしゃべってんだから。下っ腹に力入れて、んで、口上つけて。

広告業者としてのちんどん屋にとって、重要なのは宣伝の合理性や現実的な成果である。多少の抵抗

図5　都内の団地を歩く親方。右肩から拡声器を提げている。（1960年代中頃）

は感じても、空間の変容や依頼主からの要求に対しては、受け身とならざるをえない。しかし、「人が見に来る」、「子どもはくっついて来てる」と語られているように、戦後しばらくしてもなお、昔ながらのちんどん屋の賑やかしは関心を集めていた。ちんどん屋自身の努力もあって、このころは、彼らにとって幸福な時代となった。

コンクールによる地方進出、同業者ネットワークの変貌、スーパーマーケットの増加、商店広告からパチンコ屋宣伝への移行、建物の高層化などに伴い、親方は下町の空間から次第に遊離していった。言うまでもなく、その背景には戦災からの復興と、経済成長による都市空間の変貌があった。住宅、商店、街路、交通機関など、都市空間のさらなる近代化は、地域の広告屋であるちんどん屋にとって、身に沁みて感じられる変化であった。

4　昭和から平成へ・変容するちんどん

4-1　ちんどん屋に戸惑う

一九七〇年代後半、菊乃家親方は六〇歳を迎えてもなお、順調に仕事をしていた。ちんどん屋は斜陽産業としてのイメージを抱かれがちであるが、時代の変化を柔軟に生き抜く親方は、「仕事はね、昭和のね、五〇年ごろはもう忙しかったよ、まるっきり忙しい」と力を込めて語る。

だが、親方の実感とは異なり、実際にはちんどん屋の全盛期はすでに終わっていた。特に都市空間やメディア環境の変容は、確実に彼らの仕事を圧迫していた。広告の主流はテレビや新聞の折り込みチラシが担うようになり、従来の商店主からの依頼はほとんどなくなったのである。

昭和も終わりを迎えるころになると、親方もちんどん屋業界の衰退を意識せざるをえなくなった。もとより周囲の同業者たちは、業界全体の高齢化と後継者不足により、路上から消えていった。そのうえ、昭和天皇の死は、鳴り物の「自粛」を誘い、業界の衰退にいっそうの影響を与えたと親方はみる。

平成に入ると、ちんどん屋業界はその様相をがらりと変える。親方の仕事内容は、従来のような広告だけではなくなっていった。平成以降のちんどん屋の仕事について、親方はやや語気を強めて語った。

本来が広告屋なんだからね、そういう頭があるから、やっぱり仕事は、そのほうが本来だから、やり

図6　カウボーイの扮装をする親方（1970年頃）

いいですね。今なんだか知んないけど、半分大道芸人なの。半分はもう芸人ですよ、今。

ちんどん屋は、ストリート・アーティストとしての側面を強め、大道芸的な仕事を請けるようになった。それは、往来の人々の注目を惹くためのパフォーマンスから、すでに集まっている観衆に見せるためのパフォーマンスへの移行を導く。広告業者としての本来の役割が忘れられ、新たな意味内容が付されることによって、ちんどん屋は新たな時代を迎えた。親方も食べていくためには、「芸人」的な仕事も請けていかざるをえない。彼は、頑なに旧来のやり方を押し通すのではなく、一生活者としての生存戦略を優先し、ちんどん屋が直面した変化を生き抜いた。

変化のためには、困難が生じる。親方は、路上広告と「ステージ」芸との違いを、このように説明する。

ステージってのは、二〇分なら二〇分、三〇分なら三〇分、そこでやってなきゃなんないでしょ、ねえ。で、それをかりに同じところでまたやるとしたらば、二回目は違うことをやりたいし。…だからいろいろ苦労するんだけど、ちんどん屋の場合はいつも同じことをやったって、歩いてるんだから行く先も変わるから、なにも同じことを一年中やってたっていいんだよ。そういう点が、気楽なんです。

路上の広告屋としての自負があった親方にとって、舞台の興行には少なからずためらいがあった。同時に、従来の路上広告の状況もまた変わっていく。とりわけ、見る側の反応には、状況の変化が如実にあらわれた。親方は、路上広告としてのちんどん屋が成立していたころと、それが成立しなくなった今日の子どもの反応の仕方を比較して、懐かしさをにじませながら次のような見解を述べた。

昔の子どもってのは、もう、案外かえって少し大きい子どもだと、ビラ配りなんか、一緒にね、ビラ配って歩いたり。昔の子供のほうが。今の子だなあ、おっかながったり、結構なんか不安な、どうかなっていうような。まあ慣れるけどね、すぐなれるんだけど、昔より今の子どものほうが、なんか怖がる感じだねえ。半分怖いんだね。昔はね、あの、私らが始めた時代にはね、テレビなんてない時代だからね。だからちんどん屋みたいのが歩いて行くと、なんか面白くて楽しかったんじゃないかな。だって、私らが始めた時代には、紙芝居屋だってひとつの町場のなかで、一組くらいしか来なかったからね。

ちんどん屋は珍しい存在となり、彼らを見たことのある人々は少なくなっていった。今日の子どもたちが、未知なるちんどん屋を「半分怖い」と感じるのは、当然の反応かもしれない。もはやちんどん屋は、かつてのような生活に根ざした存在ではなく、非日常のパフォーマーへと変貌したのである。

4-2 若手に慕われる

ちんどん屋が「衰退産業」として姿を消していくと、彼らの存在は新しい意味を帯びるようになった。前章で考察されているように、近年の若手ちんどん屋たちは、ちんどん屋の世界や仕事に独自の「魅力」を感じ、業界に参入している。彼らの場合、当面の生活のためという動機は背後に退き、また、かつてのちんどん屋たちを支えていた地域の濃密なネットワークも前提としていない。ギターや吹奏楽器をすでに習得してきている彼らは、それぞれの人生のなかで、それぞれの仕方で新たにちんどん屋を発見し、洋楽器の技術やインターネットを武器に、あえてちんどん屋という半ば忘れられていた商売を選択する。

こうした新人の参入に対して、菊乃家親方はきわめて優しいまなざしを注いでいる。

あたしは「〔ちんどん屋を〕やりたい」って言う人には、「よしなさい」って必ず言うんだけど、「ああ、そうですか」って、心入れ替える人は一人もいない、一人もいない（笑）。それはそれでいいんだと思う。それはそれでね、自分でやろうと思ったことは、人に言われたくらいで辞めることはない。

column 07

昭和

年配の方に聞き取りをするときに共通する体験なのだろうか。菊乃家親方へのインタビューは、我々と親方との間に横たわる時間感覚の懸隔を新鮮に意識させるものであった。ライフヒストリーを聞き出すという方針を決めた後、すでに出版されている書籍などから菊乃家親方の半生を年表形式にまとめ、それを元にさまざまな事例を聞き出そうと試みた。だが、菊乃家親方の語りは我々の計画を見事に打ち砕くような、記憶の濃淡のはっきりしたものであった。つまり、少年期から終戦直後までが劇的で色彩豊かに語られる一方で、戦後のちんどん屋の再開後からはなだらかでやや平板な語りしか展開されないのである。同席していた妻のさな江氏との対話や、家族の思い出との紐つけによって、ようやく個々の出来事が時間軸に埋め込まれるといった具合である。

そのような戦後の記憶の中で、かなり鮮明に言及されるのが昭和から平成へと移り変わるころ、つまり天皇の死の時期である。天皇の病状の悪化が報道されてから、その死後のしばらくの時期までは、「自粛」を理由に仕事が全く発生しなかったと親方は語る。この仕事の断絶に伴い、得意先との関係が薄れ、次第に親方の仕事は少なくなっていった。天皇の死の前後の濃密な記憶は、この仕事の減少が関与しているのであろう。だが同時に、昭和という時代のすべてを生きてきた経験性が、天皇の死に自分の仕事の変化を重ねたのかもしれない。

昭和から平成へという断層がもたらしたものは、それぞれの生活者の記憶に刻み込まれながら、まだ十分に語りえていないのではないだろうか。それらの語りは、「失われた十年」や冷戦の終結と重なる〈昭和の終焉〉という時代性を、改めて問わなければならない大きな問題群として浮上させるのである。

（新倉貴仁）

新人に寛容な親方は、若手ちんどん屋からも慕われ、米寿や卒寿の祝いの集まりが催されるなど、彼らからの敬意は絶えない。下町の地域的なネットワークは失われたとはいえ、親方の周りには、いまなお同業者との間に緩やかなつながりが保たれている。

さらに、次のような親方の若手に対する態度には、親方の職業意識が強くあらわれている。

おれ、思うんだよね、「今のわけえ者は」って言う、そういう爺さんでも婆さんでもね、なにができるかっていうと別にできないんだけどね、自分が今までのやってきた事柄を考えてて、ただそれだけで、若い人がやることが目に付くんだろうけどね、これがおかしいんだよなあ。若い人は若い人なりでね、年寄りから見てもね、結構ね、勉強になるところあるんだよね。

4-3 ちんどん屋を愛する——勉強する人生

「勉強」しようと思えばどんなときも学べるという態度こそ、菊乃家親方のちんどん人生を支える基本的な姿勢だったといえよう。現在でも親方は、そうした「勉強」の一環として、書道や東八拳を学んでいる。また、我々がインタビューに伺った際には、最近始めたと語るバルーン・アートも実演してくれた。風船の「勉強」を始めたのは、幼稚園での仕事の子どもたちの反応を見たからだという。

あんまりちいちゃい子相手のときはね、風船膨らますといいなと思って、それでこれいじり始めたん。

うん。やっぱり、ただちんどん叩いて、童謡やってるだけじゃ、子どものほうであくびしだしちゃう。

なぜ親方はこのように熱心に「勉強」を続けるのであろうか。彼は、言葉を紡いだ。

覚えようっていうことそのものが結構ね、なんでもね、面白いんじゃないかと思うんですよ。だから、書でもそうなんだよね。書道も好きで習ってるんだけど、覚えようと思う、その覚えようと思うことが、結構、面白くなるんじゃないんですか、なんでもね、うん。……なにかを覚えるっていうことはね、非常にそのね、生き甲斐っていうか張り合いがあるんじゃないですか、覚えるっていうことが。

こうした「勉強」を、親方は「道楽」と呼ぶ。親方の「ちんどんする人生」には、「勉強」としての遊び、「道楽」という意識が底流にあった。太鼓の「いたずら」も、浅草での口上の習得も、学校ではなくちんどん屋で「勉強」したことにも、どこか「勉強」という名の遊び感覚がある。嫌々ながらも始めたちんどん屋を通じて、気負わず「勉強」し、時代の変化のなかを気楽に生き抜いてきたことが、親方の「ちんどん人生」なのだろう。

親方は、ちんどん屋としての自身の人生を総括して、このように語る。

この仕事そのものはね、嫌いだったん。だいたいあたしはね、ちょんまげ着けるの嫌いなんだから。

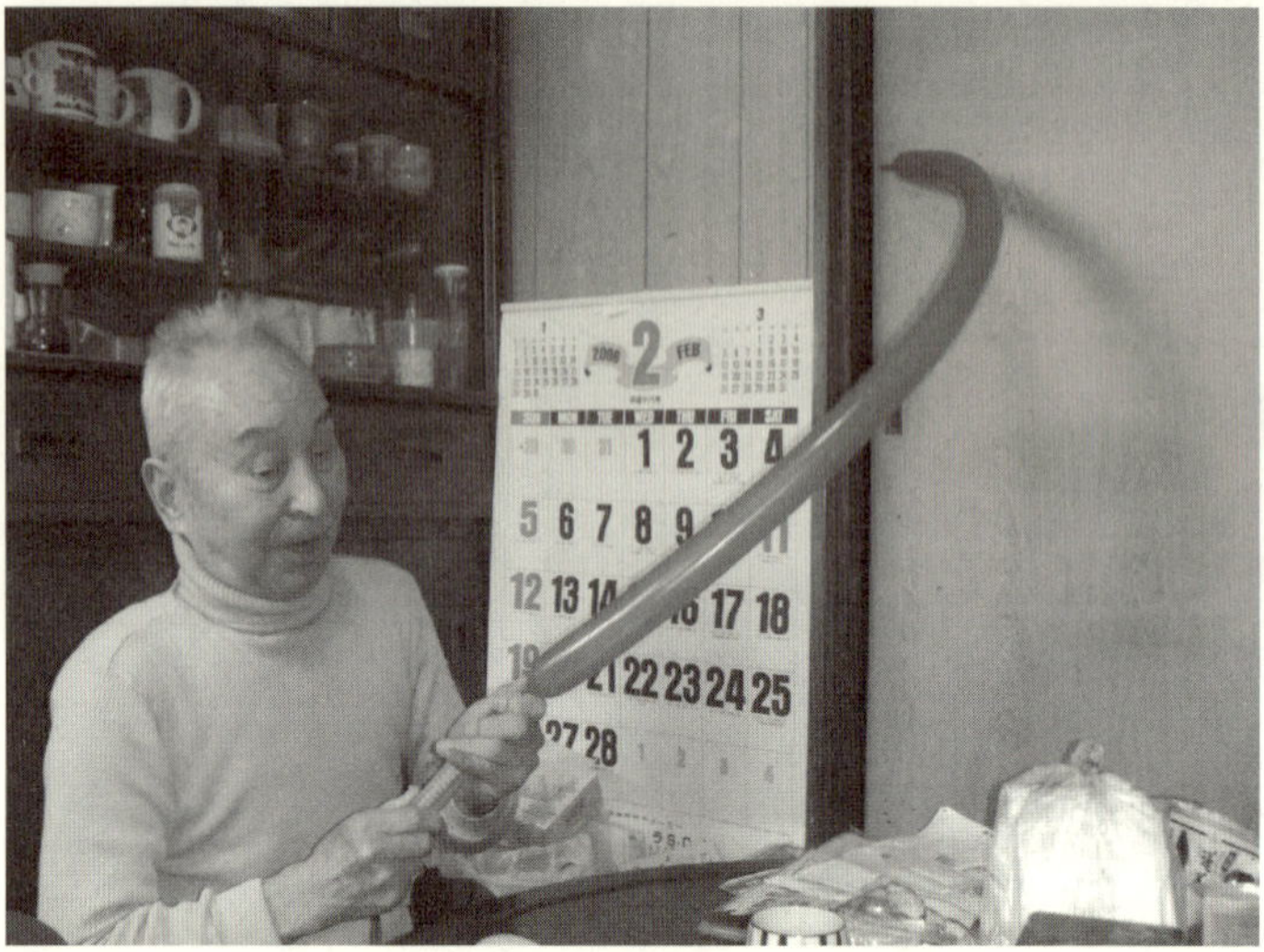

図7　風船を作る親方（2006年）

白粉塗るのも嫌いなんだ。それがちんどんやってんだからね、最初はもう嫌で嫌でしょうがなかった。だけど、だいたいね、三〇年も四〇年もやってるとね、好きになっちゃうよ。それはなぜ好きになるっていうとね、その商売の裏も表もわかるしね、自分でやっててみてね、実際その仕事そのものは健康的だからね。まずこんな健康的な仕事はないですよ。忙しいときは忙しいけど、必ずもう月のうちの何日かは否でも応でも休めて。で、ゆっくり休めるんだしね。別に金にはならねえけれども、でも、食うだけはなんとかかんとか食っていけるんだし。…だから気楽な仕事なんだよね。あたしはね、そういう点ではね、いい仕事だと思ってるんですよね。

5　ライフヒストリーを振り返って

本章では、ちんどん屋の歴史を、広告、芸能、音楽といった個別の領域に閉ざしてしまうのではなく、都市とメディアを軸とし、当事者による経験の側面から描いてきた。

都市空間とメディア環境の変化とともに、ちんどん屋を支える諸条件は変わっていったが、親方はさまざまな戦略をもって、しなやかに生き抜いている。仕事先は、地域の小商店から、各地のコンクール、新興開発地のパチンコ屋や団地、興行ステージへと移り、活動の空間は拡大された。楽士・衣装・化粧、拡声器、大道芸など、さまざまな広告手段を取り入れながら、自らの形態と身体作法の再編を繰り返した。やがて下町の解体や都市の高層化の進行、新聞の折り込み広告やテレビの普及といった、親方にとっては逆風の時代が訪れても、彼は、こうした流れに抗うことなく、生活に息づいた知識や道具を用い、「勉強」することで、七〇年を越える長きにわたり、ちんどん屋として活動してきた。変化に満ちた彼の人生を振り返れば、ちんどん屋を「伝統」や「保存」の対象として論及したり、彼らから「懐かしさ」を見出したりするのだけでは、不十分なのは明白である。

菊乃家親方は、ちんどん屋をなぜやり続けることができるのかという私たちの問いに対して、即座に、「ひたすらに生きる」と、痛快にこたえた。気楽に、そして切実に生きていく生活者のありようを、私たちに静かに教えてくれているようだ。彼の歩みは、決して輝かしいものではないかもしれない。しかし、私たちが忘れてはならない歴史を、親方は飄々と路上に刻みこんできたのである。

（周東美材）

column 08
対話のプロセス

暗中模索のなか始まった調査は、ときに長時間におよぶミーティングを繰り返すなかで進められた。メンバーのコネクションを活用したアポイント取りや資料の蒐集、仮説の構築、そしてインタビューの実施、トランスクリプトの作成、再び、仮説とのつきあわせ。私たちは、「ちんどん屋」という文化実践者へのインタビューの場における直接的な対話のみではなく、度重なるミーティングのなかで、彼ら・彼女らの語りと、私たちが構築した仮説とのつき合わせというもう一つの対話を積み重ねた。これは、私たちが属するアカデミズムという世界における言語（言説）と現実世界で文化実践者によって紡ぎだされる語りを、情報としていかに接合してゆくかという、アカデミズムと現実社会に生きる人々との対話のプロセスであったともいえる。

学術研究として社会調査を行なう以上、そこではデータの図式化あるいは理論化が求められる。しかし、個々の人生にとってきわめて重要な意味をもつ「ちんどん屋」に取り組む人々の語りと、私たちが打ち出した仮説や図式とは、必ずしも論理的に整合するものではなかった。

ベテランによる豊かな人生経験を交えた語り、若手の実践者によるときに葛藤や悩みを交えた語り、様々な思い入れをもって「ちんどん屋」に取り組む私たちとほぼ同世代の学生による語り。的を射ない私たちの質問にたいしても、彼らは真摯に、そしてときにユーモアを交えて応じてくれた。こうした個々の生きた文化実践者による語りは、〈語りの力〉あるいは〈声〉として、私たちの身体へ深く訴えかけてくるものであった。

社会調査においてライフストーリー、オーラルヒストリーという方法論が注目を集める現在、アカデミズムという世界に立つ私たちが、現実社会に生きる人々が紡ぎだす〈声〉をいかに考えてゆくのか。「ちんどん屋」に生きる人々との三年間の対話から与えられた次なる課題といえよう。

（高山真）

参考文献

阿部勘一・細川周平・塚原康子・東谷護・高澤智昌(2001)『ブラスバンドの社会史』青弓社

朝倉喬司(1991)「東西屋からチンドン屋へ――成立・発展の過程を追う」『ノイズ』11ミュージックマガジン 50-56.

Bourdieu, Pierre (1980) *Le sens pratique*, *Minuit*. = 今村仁司・港道隆訳(1988)『実践感覚　1、2』みすず書房

Certeau, Michel de (1980) *Art de faire, Union Générale d'Editions*. = 山田登世子訳 (1987)『日常的実践のポイエティーク』国文社

チンドンコンクール50周年記念誌をつくる会(2005)『チンドン太鼓が春を呼ぶ街』ＴＣ出版プロジェクト

堀江誠二(1986)『チンドン屋始末記』ＰＨＰ研究所

堀内敬三(1935)『ヂンタ以来』アオイ書房

細川周平(1991)「チンドン・リズム・マシーン――音楽的ルーツと独自性を探る」『ノイズ』11ミュージックマガジン 57-64.

――(1992)「チンドン屋繁盛記」『東京チンドン vol.1』(CD)puff up9-24.

――(1994)「西洋音楽の日本化・大衆化〈まとめ〉」『ミュージックマガジン』４月号 144-149.

――(1998)「近代日本音楽史・見取り図」『現代詩手帖』５月号 24-34.

菊乃家〆丸・栗原達男(2002)『岩波フォト絵本　チンドンひとすじ70年』岩波書店

大熊ワタル(2001)『ラフミュージック宣言　チンドン・パンク・ジャズ』インパクト出版会

大森盛太郎(1986)『日本の洋楽１』新門出版社

――(1987)『日本の洋楽２』新門出版社

大山真人（1995）『ちんどん菊乃家の人々』河出書房新社
吉見俊哉（2000）『カルチュラル・スタディーズ』岩波書店
――（2005）「鶴見良行とアメリカ――もうひとつのカルチュラル・スタディーズ」『思想』980, 201-222.

参考ウェブサイト（二〇〇七年一月）

東京チンドン倶楽部 http://www5.ocn.ne.jp/~yosuke
早稲田ちんどん研究会風街宣伝社 http://homepage.mac.com/chingdong/kazemachi.html
大和屋現場日記 http://yamatoya.blog13.fc2.com
全国ちんどん博覧会 http://www.chinpaku.com
全日本チンドンコンクール http://www.ccis-toyama.or.jp/toyama/cin/top.html

Ⅲ サウンド・デモ

このフィールドワークは、寺師正俊、河島茂生、林寛、野口智子、田村千穂、楊茹茵の六名によって実施された。本章は寺師と河島の二名による共著の形式をとっているが、調査設計やインタビューはこの六名の共同作業によるものである。特に、田村はインフォーマントであるサウンド・デモの関係者への接触に尽力し、楊は参与観察や過去のサウンド・デモの記録収集に力を注いだ。林は、先行研究の批判的検討を行った。さらに、野口はインタビューのデータ管理など、フィールドワークにとって不可欠な仕事を中心的に担当した。寺師と河島は、仮説構築と分析に貢献した。以上のように本章は、この六名による共同調査の過程で得られた知見によって成立している。

1 サウンドの媒介力と都市

今日の日本において、抗議運動としてのデモはサウンドの媒介力を備えるようになった。近年のデモは、シュプレヒコールだけでなく、音の媒介力をもって自らのスローガンをアピールするようになっている。こうした運動形態をもつデモのなかでも、二〇〇三年から起こった「サウンド・デモ」は日本におけるその新奇性によって注目を浴びた。

サウンド・デモは一風変わったデモである。このデモは、その名の通り、音楽や楽器の利用が前景化されたデモであり、参加者はサウンドシステムから鳴り響く爆音に合わせて踊る。サウンドの力は、歩行者を参加者へと転換させる機能を果たし、車道と歩道の境を消し去っていた。このような様子は、いわばパーティの様相を呈しており、それが新奇であるといわれた。

この小論では、サウンド・デモの可能性云々については議論しない。それは社会運動の専門家や実践に携わる人びとが検討することであろうし、筆者たちにはその力量もない。ここではまず、今回のサウンド・デモの形式を振り返りながら、音・音楽がデモのあり方に対してもつ力について検討する。そして、現代の都市空間の意味変容とこのアクティヴィティの関係について若干の試論的な考察を行う。

なお、本章の執筆にあたっては、サウンド・デモに直接かかわる人たちにインタビュー調査を実施した。本章の内容はインタビュー調査を踏まえたものであるが、残念ながら、諸事情によりインタビュー記録の利用を断念せざるをえなかった。結果として、本章は簡単な記録となってしまったところがあることを予めお断りしておく。

また、今回の調査は二〇〇四年に行われたものであるため、その後のサウンド・デモの展開は基本的にフォローしていない。マスメディアに大きく取り上げられるようなことはなくなったものの、引き続き東京に限らず各地でサウンド・デモは開催されている。これらについては、インターネット上に多くのソースがあるのでそちらを参照されたい。

サウンド・デモの形式

日本におけるサウンド・デモは、二〇〇二年の終わりごろ始まったものである。明確に時期を特定しないのは、サウンド・デモそれ自体の定義の難しさに由来するところが大きい。「音を使った何らかのアクティヴィズム」と緩い定義を行うならば、遡及的に「サウンド・デモ」であると位置づけられる運動は多く存在するだろう。だが、サウンド・デモはその形態の珍しさから、複数のマスメディアで取り上げられることを通じてそれとして認知された側面が大きい。その意味ではサウンド・デモは、九・一一からイラク戦争へと至る一連の政治的事件を背景の一つとして始まった運動であると位置づけられる。

サウンド・デモにおいてプロテストされる対象は、多様なものがありうるが、当初は「戦争反対」と「路上解放」の二つが大きく掲げられていた。「戦争反対」は、主にイラク戦争に対する反対表明であり、それに付随する「有事法制」などへの異議申し立てである。他方、「路上解放」は、路上が自動車に占有され公共空間として機能していない現状に対する反対の声である。

今回、中心的な調査対象とした東京・渋谷におけるサウンド・デモは、二〇〇三年五月一〇日から二〇〇四年二月二二日まで六回にわたって実施された（なお、調査終了後の二〇〇五年五月一日にも行われている）。六回にわたってデモを行う中で、以下のようにその進行には若干の変化があった。

デモの運営者は、回数を経るにつれて参加者の人数が膨らんだことにより、集合場所の公園でデモ出発前にパーティを催したり、サウンドシステムの規模を大きくするなどし、警察側の対応もデモを重ねるにつれて厳しさを増していった。一回目のサウンド・デモでは機動隊すらいなかったが、デモが注目を受けるにつれて次第に警備体制を固め、時にはデモ参加者よりも機動隊の人数のほうが多くなるときもあった。しかしそれ以外の点では、計六回のサウンド・デモに大きな違いはない。渋谷の宮下公園を拠点としていること、サウンドシステム搭載のトラックがデモの先頭を走り、「戦争反対」「路上解放」をスローガンとして大きく掲げていること、そして参加者の多くは二〇代前半を中心とした若者であったこと、これらの点では、六回のデモには大きな変化はなかった。

サウンド・デモの形式的な特徴は、まずなんといっても、デモの先頭にＤＪブース、アンプなどの音響機材を積んだトラックが陣取り、その荷台の上に乗ったＤＪが大音量のサウンドを流すその形態にある。その後ろでデモ隊は、サウンドに身を任せつつ、ゆっくりと踊りながら歩いていく。スピーカーからの音が届きにくい後ろの方では、太鼓や銅鑼を中心とした打楽器、サックス、ギター、管楽器、中には、小石か何かをいれたペットボトルを持って、自分で音を作り出す人たちが続く。これらの人々については、音楽を演奏しているというよりも、音を掻き鳴らしているといったほうが正確かもしれない。さらにその周囲を機動隊が盾をつかって挟み込み、デモ隊とともに異様な空間を形成している。通行人は、大音量に足を止め、歩道と車道との境界を分け入って参加する者、あっけにとられる者、携帯電話で写真を撮る者、物珍しさに店の中から出てくる店員など雑多である。

このように進行していくサウンド・デモは、「デモ」という政治的なニュアンスを強く含んだカテゴリに含めるのは適切ではないかもしれない。もちろん時には警察や機動隊との小競り合いは起こるものの、声高らかに「戦争反対！」を叫ぶというデモの隊列というよりも、ゆっくり、そして「まったり」と歩いていく不可解な集団という印象を強く受ける。

ところで、サウンド・デモは、突発的に出現したデモではなく、社会運動の歴史的経緯のなかで生まれた運動である。日本におけるサウンド・デモへと至る系譜としては、以下の三つの流れを指摘することができるだろう。

まず、「リクレイム・ザ・ストリート」の流れである。リクレイム・ザ・ストリートとは一九八〇年代以降、イギリスを起源として世界各国へと広まった運動である。市民の共有物である公共空間が現代社会においては自動車によって奪われているとし、「路上解放」を謳っていること、レイヴシーンの影響を強く受けた「ストリート・パーティ」を催すことによって、道路を占拠することにその特徴がある。サウンド・デモは先述のとおり、リクレイム・ザ・ストリートと同様に、サウンドシステムを用いて音響を流すことに大きな特徴があり、そこに今回のサウンド・デモとの類似性を見ることは難しくない。

次に、日本という地理的文脈に目を向ければ、一九六〇年代後半のベトナム反戦運動である「新宿フォークゲリラ」も系譜のひとつとして位置づけることができるだろう。新宿フォークゲリラとは、ベトナム戦争への反対を掲げ、新宿西口を拠点として反戦の歌を歌う運動である。毎週土曜日に実施され、一九六九年二月から一九六九年六月末に至るまで、最大数千人の参加者を動員していた。サウンド・デモは、反戦を掲げ、対抗手段としてサウンドを位置づけている点から、新宿フォークゲリラの形式を受け継いでいる。

そして、これら二つの流れとは異なるもうひとつの流れが存在している。「殺すな」である。主催者が一部重複していることもあり、殺すなの影響は、より直接的であると思われる。殺すなとは、美術系の人たちが発起人となった反戦運動であり、二〇〇三年に「ワールド・ピース・ナウ」に参加するなどして数回開催された。殺すなという名前は、一九六七年にアメリカの『ワシントンポスト』紙に「ベトナムに平和を!市民連合（ベ平連）」が反戦広告を出した際に使った言葉から採られている。

外在的に見て、サウンド・デモはこうした系譜の上に位置づけられるが、これはサウンド・デモの運営者も運動を組織するにあたって強く意識していたことである。サウンド・デモの運営者・参加者には二〇代までの若者が多く、マスコミの報道では「今どきの若者のデモ」という位置づけから取り上げられることが目立った。しかしながら、大学関係者など、社会運動の歴史や実践面に詳しい者がアドバイザー的な役割を果たしており、一見、サウンド・デモは社会運動の素人が自然発生的に始めたものであると思われることも少なくないが、それは知識人の介在によって過去の運動の知見を踏まえた運動である。

サウンドの媒介力

一方、その目新しさに目を向けると、サウンド・デモはいくつかのメディアの積極的な利用にしばしば着目される。とりわけ特徴的なのは、グラフィックソフトを用いて作られたビラ、インターネット、そしていうまでもなくサウンド（システム）である。

デモにおけるビラの配布は、具体的な訴えや参加の呼びかけ、デモ開催の告知のための常套手段である。サウンド・デモのビラは、かつてデモでよく見られた手書きで一面に文字が並ぶものではなく、現代芸術やクラブカルチャーの流れを汲む美術性さえ備えたものであった。また、インターネットに関しては、内部向けの連絡手段としてメーリングリストを設置している。メーリングリストでは、各種連絡のほか運営に関わる議論が交わされており、必要不可欠なインフラとして使用されている。また、ビラの制作と関連して、ウェブサイトにも同様のデザインが用いられることも少なくない。

これら、ビラの制作に単なる宣伝活動にとどまらないクリエイティヴィティを持ち込んだことと、インターネットの利用は日本における社会運動の歴史において画期的なことだと思われるが、サウンド・デモがメディアとのかかわりについて、ほかの社会運動と一線を画すのは、やはり「サウンド（システム）」の存在であろう。

実は、社会運動の歴史を振り返れば、音楽の利用をともなった運動は必ずしも目新しいものではない。たとえば、「ええじゃないか」、「ジグザグデモ」、「新宿フォークゲリラ」などがその例として挙げられる。しかし、「新宿フォークゲリラ」以降、デモからサウンドは消えていくことになった。

必ずしもこのことを意識したわけではないようだが、今回インタビューを実施した多くのサウンド・デモの運営者が意識していたことのひとつに、音楽ないしは文化の政治性という問題がある。それはすなわち、音楽は「政治」と切り離して考えるべきものではないが、今日においてはそのような思考が薄れてしまっているという考え方である。つまり、サウンド・デモは、「路上解放」、「戦争反対」などを訴える運動であると同時に、サウンドシステムを導入して音・音楽のもつ政治的な力を取り戻そうという運動としても意味づけられている。

とはいえ、過去の音楽を用いたデモと今回のサウンド・デモとは、ともにサウンドの力を運動に組み入れるという共通点を持ちつつも、やはり決定的に異なっている。毛利嘉孝は、ギルロイ（Gilroy 1989）を引きながら、サウンドシステムのＤＪのあり方に関して以下のように述べている。

DJは、既存の文化生産物であるレコードをかけるという点では消費者だが、それを用いてミックスしたりダブを施したりという点では生産者でもある。サウンドシステムのまわりに集まっている人も、単に商品としての文化生産物を消費しているわけではない。……〔このような文化生産物は：引用者註〕しばしば何ももたないもの達が生産者となり、ドラマティックなあり方で生産と再生産の関係に亀裂を入れ、私たちが当然のこととして前提としている資本主義的な経済とは別の、オルタナティヴな経済の可能性を示しているのである。（毛利 2004：48）

資本主義的生産物であるレコードを用いてDJが新たに生産者となって音楽を創り出し、資本主義に従順な「送り手→受け手」という関係を撹乱させるという点において、サウンド・デモは過去の音楽を用いたデモと似て非なるものであるといえるだろう。

そもそも、なぜデモにサウンドシステムを持ち込むことになったのだろうか。先述のように、アカデミックな視点からも社会運動に詳しい人が運営者側にいることを鑑みれば、海外での社会運動の流れを意識したものと見ることもできるが、運営者側では特に一致した狙いがあったわけではないようだ。サウンドシステムの導入は、「自覚的でなかったにせよ社会運動論の潮流を漠然と意識していたのかもしれない」と語る人もいれば、「単なるお祭り騒ぎを演出する術である」と語る人もいた。おそらく、ここに運営者・参加者の統一的な意図を見出すことにはあまり意味はない。

だが、テクノ系やハウス系の音楽を大音量で流すことは、社会的、政治的問題関心を必ずしも共有しない参加者がデモ隊に加わるきっかけをもたらした。クランダーマンス（Klandermans 1997）は、社会運動への動員のプロセスを、「合意の動員」と「行為の動員」とに分類した。前者は運動組織が自らへの支持を獲得するプロセスであり、後者は運動組織が自らの活動へ呼び込むプロセスと定義されている。彼の図式では、一般的に「合意の動員」が達成された後に「行為の動員」が可能になるとされるが、サウンド・デモに関していえば、このプロセスは逆転しており、サウンド・デモの集団から発せられるサウンドは、沿道の人びとの視線をデモに引きつけ、デモへの参加を促していく力を持っているのではないかと考えられる。実際のところ、サウンドの力は動員数の引き上げに結びついており、運営者側もそのことを認めていた。

「サウンド」の媒介力は、デモへの途中参加（それにはデモが掲げるメッセージへの同意は必要とされない）を容易にすることでデモ隊と歩行者の境界を曖昧にしつつも、それによって、デモ隊の一体感を演出している。音楽ライターの磯辺涼は、サウンド・デモのあり方ついて以下のように述べている。

……スローガンには賛同出来なくて、でもガシガシ踊っているようなひとがいてもいいんじゃないか。そもそも路上で踊るっていうのが政治的だし、どんなスローガンよりもサウンド・デモはそれを大事にしているはずだし、そこに賛同できるんだったらそれはそれでそのひとは仲間じゃないか。だから、そうか、僕は「つーか、踊りに行こうよ」と誘えばいいわけだ。「最高のパーティがあるんだ」。（磯辺 2004：74）

つまり、サウンド・デモの形式は、スローガンには関心のない参加者であっても肯定するスタイルなのである。このサウンド・デモにおける参加資格の寛容は多くの参加者に共有されていた。

他方、「行為の動員」を進める中で、「合意の動員」へとそれが結びつくことも少なくない。インタビューに答えたある参加者は、サウンド・デモに参加してみてから「戦争反対」「路上解放」のスローガンに賛同するという過程を歩んだという。その参加者は、友人に誘われてデモに参加した。デモ参加の際は、「戦争反対」の意識も「路上解放」の意識も、それほど明確ではなかった。だが、デモに参加した後に、「戦争反対」、「路上解放」の意識を強くもつようになったという。

また、サウンド・デモでのＤＪによるパフォーマンスには、音楽ファンの間ではよく知られるミュージシャンが複数参加している。なかでも、二〇〇四年二月二一日のデモに参加した、元ピチカート・ファイヴの小西康陽は一般にも広く知られた存在であり、そのパフォーマンスの様子は報道でも大きく取り上げられた。こうした有名なアーティストによるパフォーマンスは、「行為の動員」として作用しているといえるだろう。

包摂と排除と

このような、合意の動員なき行為の動員とでも呼ぶべき事態は、デモの存在意義そのものを揺るがしかねない。見方によっては、なんとなくお祭り騒ぎを楽しんでいるだけで特にメッセージもないようにも感じられ、それは何らかのメッセージをもって政治や社会のあり方を変えようとする（はずの）活動ではない＝社会運動あるいはデモでさえもないと受け取られかねないからだ。

しかし、サウンド・デモの興味深いところは、そうした見方をむしろ積極的に受け入れているというその「寛容さ」にある。たとえば、二〇〇三年五月三〇日および七月一九日のデモにおける運営者側からのメッセージでは、以下のように「踊るだけでもＯＫ」と謳っていた。

反戦＝有事法・イラク新法反対
反失業＝グローバリゼーション反対
反管理統制＝相談罪（共謀罪）・生活安全条例・教育基本法改悪反対
反石原＝ファシズム反対
を呼びかけ、あらゆる路上解放を訴えます。
でも、踊るだけでもＯＫ。途中から入っても大丈夫。

インタビューの中でも、サウンド・デモの運営者は、サウンドの力を契機とした「行為の動員」から「合意の動員」への流れについて肯定的な意見を述べていた。つまり、デモの「戦争反対」や「路上解放」といった政治的メッセージについての見解はいったん留保し、とりあえずデモに参加してもらって、その後、それらのメッセージに賛同してもらうという流れを許容しているのである（同時に、結果的に賛同しないからといって参加を拒否するわけではない）。動員という意図が存在しないにせよ、結果としてサウンドシステムの利用は、クランダーマンスのいう「合意の動員」から「行為の動員」へという社会運動に一般的な動員図式を逆転させ、「行為の動員」から「合意の動員」へという動員のプロセスを発生させることになった。

このように、サウンドの力には参加者の増加という効用があるようだ。これは、単にデモの盛り上がりという面から見れば、デモの運営者にとってはポジティブな点であると思われる。しかし、その一方で、サウンドの媒介力がもつネガティブな側面も見逃すべきではないだろう。

まず、クラブカルチャーの影響を前面に押し出しているために、それに関心の薄い層はサウンド・デモのスローガンには同意しても、文化的な理由から運動に参加し難いという点がある。サウンド・デモは、一見したところオープンに見えるが、ある一定の年齢層、文化資本を所有する人に参加者を限定し、それ以外の人を半ば追放してしまっているように思われる。

次に、四つ打ちのハウスビートが、ある種の暴力性をも併せ持っている点である。リズムマシンやシーケンサーによって規則的に刻まれたビートは、参加者の行進のリズムを束縛する力をもっている。大音量で流されるそれは、ある意味では「ノリの訓育」でもあり、参加者の行動を拘束しているともいえるだろう。ただし、デモは元来リズミカルな行進を伴うものである。かつて、デモ隊が密集して道路全面を使って左右に練り歩き、統一的かつランダムな動きをもつ「ジグザグデモ」というものがあったが、これは現在では禁止されている。サウンドシステムを利用して踊り歩くということは、警察側に完全に管理されるかのような整列行進を拒むオルタナティヴな形態としても捉えることができる。

第三に、サウンド・デモの現場では、「サウンドを出す側／サウンドを受け取る側」が明確に分離され、結果として「パフォーマー／オーディエンス」という一種の上下関係が認識されていくという点がある。運営に直接かかわりのないある参加者は、「トラック上に立っているＤＪと下に立っている自分たちのあいだに、ヒエラルキーではないが差を感じる」と語っていた。また、運営者の中にも有名ＤＪの参加によって「サウンドを出す側／サウンドを受け取る側」の距離が広がることを危惧している者もいた。

ただし、運営側の人びとすべてがこうした問題について考えていなかったわけではない。

たとえば、サウンドシステムのもつ暴力的な側面、ハウスビートの暴力性を問題視して組織化されたT.C.D.C.というサブユニットが、いわゆるチンドン屋のものに近い、反サウンドシステムという側面を併せ持ったパフォーマンスを行っている。T.C.D.C.は、結果としてサウンドシステムのＰＡスピーカーからの音が届かない場所での後方支援的な機能を果たしていたといえる。また、参加者に対しては楽器やそのほかの音の出るものを持参することが事前にアナウンスされていたため、デモ全体としては太鼓やギター、パーカッションなど、さまざまなサウンドが発せられていた。

また、サウンド・デモでよく見かけるスローガンのひとつとして、「反スペクタクル社会」というものがあったが、これはいうまでもなく社会思想家のＧ・ドゥボールのスペクタクル社会批判を受けたものである。簡単にいえばスペクタクル社会とは、都市やメディアがその受け手すなわち都市を訪れる人やテレビの前の人間を受動的な人間にしてしまうような社会のことを指している。これがサウンド・デモのスローガンとして掲げられていたわけだが、ある参加者はスローガンとデモの実践との間に矛盾を感じていた。その矛盾とはすなわち、「先のような問題点を孕むサウンド・デモ自体がスペクタクルになってしまっているのではないか」ということである。

東京で主にサウンド・デモが行われた渋谷は、日本を代表する消費文化都市とされる。右の位置づけに倣えば、スペクタクルに充ち満ちた渋谷でサウンド・デモを行うということは、スペクタクルをもってスペクタクルに抗うというパラドキシカルなことでもあるといえるだろう。

サウンド・デモは動員と排除という両義性と、それが発するメッセージにおける根本的な遂行的矛盾を抱えているようだ。サウンド・デモは、そのサウンドの遊戯性とは裏腹に、政治と音楽あるいは文化の意味をめぐる内的抗争に満ちており、そうした内的な矛盾をさらけ出しながら傍観者／参加者という区別を作り出し、混沌とした一時的な空間を形成しているのである。

〈空間〉の召喚

これまでの記述からも分かるように、「お祭り騒ぎをやる」という以上に運営者・参加者のサウンド・デモに対する一致した見方を見出すのは難しい。このことを踏まえた上で、今回の調査時点ではサウンド・デモは渋谷で行われたものが回数も規模も大きかったこともあり、「なぜ渋谷でデモをやるのか」という問いをすべてのインフォーマントに対して投げかけた。サウンド・デモというアクティヴィティそれ自体への考え方がバラバラでも、渋谷でデモを行うことへの思い入れに何かしら共通点があり、それをサウンド・デモが今日の都市のあり方に対してもつ意味を考える補助線として利用できるのではないかと考えたからだ。

この淡い期待は、一致したものを見出すという目的においてはあっさり破られた。歯切れの良い回答は得ることができなかった。ただし、大きく分けて、渋谷でデモを行うことに深い意味はないとする見方、反対に音楽関係のスタッフを中心として「音楽関係の人が渋谷にこだわっている」、「音楽関係の人たちにとって渋谷は自分の街だった」とする見方の二つの傾向が見られた。

知られるように、渋谷は一九八〇年代から一九九〇年代にかけての東京の流行文化の中心地だった。とくに一九九〇年代前半の渋谷では、「渋谷系」と呼ばれる音楽やファッション文化が生まれた。サウンド・デモのDJとしてパフォーマンスを行った中原昌也や小西康陽は「渋谷系」を代表する人物である。運営側のある人物は個人的な想いとして、「一九九〇年代の渋谷系みたいなものをやることで、九〇年代に蹴りをつけたい」と語っていた。そこには、実体験に基づくものであれ、追体験によるものであれ、「渋谷系」という鮮烈な記号の発信地としての渋谷へのノスタルジーが見え隠れする。たとえば北田暁大が渋谷は単なる知識を獲得するための「情報アーカイヴ」になっていると指摘したように、「渋谷」はその記号的イメージを喪失し「(たんなる) ひとつ大きな街」（北田 2002: 127）と化しつつある。ノスタルジーとはそのような事態に向けられたものなのだろう。

しかし他方で、音楽関係以外の大多数の参加者は、渋谷という街でサウンド・デモを行うことに特別な意味を見てはいない。かれらは、「渋谷」という記号イメージの蒸発を憂い、意味を再充填するようなことを試みようとも考えてはいない。むしろ、それとは無関係にサウンドの力や包摂と排除の構造によって生成される、奇妙な空間で戯れることにデモの意義を見出していたのだ。

その意味で、サウンド・デモは「情報アーカイヴ化」した渋谷という都市にとって適合的である。だが、記号的意味を生み出さないとはいえ、そのことが逆説的に、一時的自律ゾーンの強烈な空間性の表出を可能にしていたのではないだろうか。

二〇〇〇年代の都市でサウンドに戯れ、道路の真ん中を練り歩くこと。それは、歴史的に定位された〈都市〉の存立機制を攪乱し、そこから、生きられた〈空間〉を呼び覚ます意味をもっているのかもしれない。

（寺師正俊、河島茂生）

参考文献

Gilroy, P. (1989) *The Black Atlantic: Modernity and Double Consciousness*, Verso.
磯辺涼（2004）「デモ＝パーティ論」『状況』3月号別冊
北田暁大（2002）『広告都市・東京——その誕生と死』廣済堂出版
Klandermans, B. (1997) *The Social Psychology of Protest*, Blackwell.
毛利嘉孝（2003）『文化＝政治』月曜社
野田努編（2003）『NO!! WAR』河出書房新社

Ⅳ　グラフィティ・ライター

このフィールドワークは、飯田豊、南後由和、伊佐栄二郎、石川幸太郎、上村晴彦、呼達古拉の六名によって実施された。グラフィティ・ライターに対する聞き取り調査を、主として飯田と南後が担当した一方、「落書き」問題で注目を集めている下北沢において、石川と上村が中心となって参与観察を行った。伊佐は先行研究の批判的検討、および著名な「グラフィティ・アーティスト」に対する聞き取り調査に力を注いだ。本書では、匿名性の高いグラフィティ・ライターの実践に照準を向けているため、1章は飯田、2章は南後による単著の形式をとっているが、いずれの章においても、六名による共同調査によって得られた知見が織り込まれている。

0

はじめに

二〇〇一年二月一四日の『讀賣新聞』大阪版には、「ぶらくり丁の落書き事件 専門学校生に有罪 地裁判決＝和歌山」という記事が掲載されている。当時二〇歳の美術専門学校の学生が、和歌山市の商店街の壁面に「落書き」をしたとして建造物損壊罪に問われ、懲役一〇ヶ月、執行猶予三年を言い渡されたという報道である。判決公判で被告は、動機について「分かろうとしない人に説明しても無理」と述べたという。それに対して裁判官は、「グラフィティ・ライターに興味を持って落書きを始め、取り調べでは、違法と知りながら『落書きをやめるとは断言できない』と言うなど罪責は重い」としたが、「公判では違法な落書きは今後行わないと誓っている」として情状を酌み、「表現することは悪くないが、やり方を考えてほしい」と応えたとされる。

こうして近年、マーカーやスプレー塗料を使った「落書き」による被害が全国各地で報告され、社会問題として広く知られるようになってきた。その背景にあるのが、この記事でも触れられている通り、若年層を中心とする「グラフィティ（graffiti）」の急速な浸透である。グラフィティは、都市空間における「公共物破壊（vandalism）」として軽犯罪法に抵触する一方、ヒップホップ文化にとって不可欠の要素であるのみならず、現代美術やグラフィックデザインなどの領域で幅広く流用されるという、一見相容れない二面性を併せ持った視覚的表現として定着してきた。違法と知りながら「やめるとは断言できない」、「分かろうとしない人に説明しても無理」と当事者に言わしめる、グラフィティという表現の魅力とは、一体いかなるものなのだろうか。

グラフィティの基本的な表現様式は、多くの時間と高度な技術を要する「マスターピース（masterpiece）」（図1、2）、短時間で簡略的に描かれる「スローアップ（throw up）」（図3）、行為者（graffiti writer）やその集団＝クルー（crew）の呼称などを手短に描き付ける「タグ（tag）」（図4）に大別できる。スローアップは一色ないし二色で描かれることが多く、二色の場合、一方は輪郭線、他方はそれを塗り込む色として使用される。マスターピースは「ピース」と略されることが多く、最も難易度が高いこと

図1 マスターピース（2004年9月、桜木町で撮影）

図2 マスターピース（2007年1月、桜木町で撮影）

図3 スローアップ（2007年1月、代官山で撮影）

図4 タグ（2007年1月、大阪・堀江で撮影）

は言うまでもない。壁面全体に描かれる巨大なピースは「壁画（mural）」と呼ばれ、所有者の許可を得て合法的に描かれた壁画を「リーガルウォール（regal wall）」という。

「マスターピース」の醍醐味のひとつは、複数のグラフィティ・ライターによる合作にある。それに対して、「タグ」の場合、クルーによるものもあるが、単独のライターによって描かれる割合が高くなる。以下のふたつの章では、それぞれ「マスターピース」と「タグ」という対照的な表現を出発点として、異なる視角からグラフィティという現象に接近することで、その相貌を立体的に把握することを目指したい。

最初の節では、リーガルウォールのあり方を手掛かりとして、日本のグラフィティ文化の現在を素描したうえで、社会問題としての「落書き」とどのような関係をなしているのかを考察する。これはしばしば、都市空間の「管理」と「抵抗」の問題系に矮小化されがちだが、これを本質的な構図として自明視してしまうことの陥穽を浮き彫りにしたい。とりわけここでは、メディア文化としての側面に焦点を当てることで、日本のグラフィティが背負っている歴史的背景や地域的背景に目を向けていく。

後の節は、先行する都市社会学および都市論の系譜を踏まえ、都市空間および下位文化《サブカルチャー》内における「匿名性」の作用に着目するという、やや限定された切り口からの考察である。なかでも、グラフィティ文化がマスメディアによって媒介されつつも、相互に対面経験をもつとは限らない者同士が、都市空間において身体非共在で下位文化を展開していくという特徴に注目している。むろん、クルーでの活動やたまり場などでは対面経験を有しており、すべての事例に該当するわけではないが、グラフィティ文化に特異なコミュニケーション様式の純粋型として重視している。

グラフィティ・ライターに対する聞き取り調査に関しては、主に首都圏で活動するライターたちを中心に進めた。年齢はおおむね二〇歳前後から三〇歳代で、ほとんどが男性だが、数人、女性が含まれている。グラフィティは違法性をともなう「匿名性」に基づく営為であることから、インタビューのアポイントメントを取ることはもちろん、その数を増やすことは困難を極めた。そこで第一に、グラフィティ文化に精通した雑誌編集者や、リーガルウォールに取り組んでいるNPOによる紹介、第二に、ライターが集うライブ・ペインティングやクラブ・イベントなどに出向く、第三に、ウェブサイトを立ち上げているグラフィティ・ライターにはメールを通じて、それぞれアポイントメントを取り付けた。当初はグラフィティ・ライターのたまり場やイベントに顔を出し、挨拶をする以上のことはなかなかできなかったが、そこで顔を覚えてもらうことで、次に会った際にスムーズに話に入ることができた。また急遽、電話で呼び出され、食事をしながら話をするというケースもあった。このように、いわゆるフォーマル・インタビューの数は少なく、インフォーマル・インタビューを中心に聞き取り調査を進めた。録音が可能な状況な場合にはICレコーダーを用い、それが対話の妨げとなる場合には、インタビューの後、フィールドノートに発言内容や要点を記述していく方法をとった。

なお、文中で引用しているグラフィティ・ライターの発言のうち、出典を明記していないものは、すべて筆者たちによる聞き取り調査の成果である。一期一会で交わしたライターたちとの会話が多く、出版にあたっての使用許可を取ることができなかったため、居住地、年齢、職業などの属性は省略してある。

フィールドワークを進めていくうえでグラフィティ・ライターへのインタビューのほかに重視したのは、インディ・マガジンを含む雑誌メディアの展開である。というのも、歴史家や批評家による事後的な介在がなく、グラフィティ・ライター自身の集合的営為によって紡がれる雑誌メディアも、当事者の「生の声」が収録されている貴重な一次資料であり、グラフィティ文化の展開に欠くことのできない駆動装置と位置づけることができるからだ。また、グラフィティ・ライターによる雑誌メディアの受容は、マスメディア内の「読み」に閉じられたものではなく、都市空間でのパフォーマティヴな実践にも重層的に開かれているからだ（Borden 2001=2006）。

前章は飯田、後章は南後による単著の形式をとっているが、前章では、石川が『讀賣新聞』の記事を対象に実施した分析の成果を援用している。また、後節では筆者たちによるグラフィティ・ライターへの直接の聞き取りだけではなく、本調査に一部協力していただいた近藤真里子氏による聞き取りの報告（近藤 2005）を分析対象として活用させていただいたことをお断りしておく。そして、調査にあたっては、林文浩氏（『DUNE』編集長）、寺井元一氏（NPO法人KOMPOSITION）、黒澤文子氏（下北沢シャッター・ペイント大作戦）、TOMI-E氏（グラフィティ・アーティスト）のほか、名前を挙げることができない数多くのグラフィティ・ライターの方々、そしてグラフィティ専門誌『KAZE MAGAZINE』の製作者による、有形無形のご協力を得ることができ、およそ三年にわたって継続することができた。心からの感謝を述べたい。

（飯田 豊、南後由和）

column 09
方法論からみたグラフィティ文化

グラフィティ雑誌をとりあつかう書店で、話を聞かせてもらうことになった店長にインタビューの主旨を説明しても、店長の表情はなぜかかたいままだった。同行した調査者がやや重たい空気を察して、研究の展望を補足するなかで活字化の可能性に触れたところ、「(書籍や雑誌に寄稿する)ライターさんね」という声とともに店長の表情が一気に緩んだ。私たちには「研究者」ではなく「ライターさん」という肩書きが与えられた。

インタビューのなかで「ライターさん」の言外の意味が明らかとなった。店長は仕事柄、多くのグラフィティ・ライターと交流がある。店長はあるとき大手雑誌の編集者から、あるグラフィティ・ライターの作品を記事化したいという話を聞いて、「本人を紹介したら喜ぶかなと思って、勝手に電話番号を教えたらすごく怒られた」という。このエピソードが物語っているのは、グラフィティ・ライターの素性を第三者に明かしてはならないというグラフィティ文化の内部規範だ。店長は私たちを「ライターさん」というカテゴリーに当てはめることで、私たちがこの規範に抵触しないよう調査・執筆できるかを確かめていたのだ。

この体験には方法論上の含意がいくつかある。インフォーマントとの信頼関係を意味する「ラポール」の形成やインフォーマントの不利益を回避するという調査倫理上の問題はいうまでもないが、ここで指摘しておきたいのはフィールドワークで定石とされる手段であっても、場合によっては調査対象とする文化の規範に抵触しうる点だ。逸脱的文化を調査対象とする場合、当事者との接触に苦労することは珍しいことではない。この場合、「雪だるま式サンプリング」が一般に有効な手立てとされる。しかしながら、グラフィティ文化では知人を紹介する行為には慎重であるべきとされるため、雪だるま式サンプリングは簡単には進まなかった。だが、規範自体が調査上の発見のひとつであったし、これを契機に路上のタグを媒介に離散しつつも緩やかに連帯する社会的ネットワークに関心を向けることができた。方法論上の常套手段が円滑に進まない場合、障害となっている要因自体が調査対象ならではの文化的特性を示している可能性に目を向けたい。

(伊佐栄二郎)

7 マスターピース

――落書き／グラフィティの境界をめぐって

1 「探り針」としてのリーガルウォール

渋谷の路上では現在、多数のリーガルウォールを目にすることができる。リーガルウォールとは、所有者の許諾にもとづいて描かれた合法的な壁画のことだ。

二〇〇四年の春以降、NPO法人KOMPOSITIONはグラフィティ・ライターと協働して、宮下公園を皮切りに、渋谷区内で数多くのリーガルウォールを仕掛けている。たとえば、宇田川町にある「ジュネスビル」の壁面全体に描かれたピースは、ビルの所有者がKOMPOSITIONに連絡をとり、壁画を発注したものだという（図1）。

そして二〇〇五年の秋には、水戸芸術館現代美術ギャラリーおよび水戸の市街地において、日本のグラフィティ文化に焦点を当てた国内初の大規模な展覧会「X-COLOR／グラフィティ in Japan」が開催された。水戸の市街地では開催期間中、水戸駅南口の工事囲い、駐車場ビル、カフェ、取り壊しが決定さ

図1　渋谷区「ジュネスビル」のリーガルウォール（提供：NPO法人KOMPOSITION）

れている建物など、計一三ヶ所の壁面にピースが描かれた。約一〇日間かけて制作され、勘違いした通行人が警察に通報したことも何度かあったようだ。

こうしたプロジェクトに賛同し、参加したライターたちの関心はさまざまだ。「素人」である僕たちに対して、「素人の目線はそんなに気にしない。ライター目線かな。君がカッコいいと思うのと、俺がカッコいいと思うグラフは違うわけだし。ずっとグラフを描いてきたヤツのが一番の関心」と話すライターもいれば、「昔と今では変わってきた。昔はライター同士の目しか気にしてなかったし、コマーシャルに活動しているライターは嫌いだったが、今はそうじゃない。商業主義でも格好よければいい。世の中に自分のグラフィティを出していって、多くの人に見てもらいたい。その場はギャラリーでもいい」というライターもいる。いずれも一〇年以上のキャリアを持つ熟練者だ。

それでは、リーガルウォールに携わっていないライターたちは、こうした動向を一体どのように評価しているのだろうか。僕たちが出会ったライターのうち、対照的だった二人の男性の声を最初に紹介しておこう。

一人目は二〇代後半の男性。都心の広範囲にわたって精力的にタグを残しており、多くのライターたちの尊敬を集めている。スケートボードを携えているが、本人は「スケートも好きだけど、途中からグラフィティばっかり」

だという。彼のキャリアもまた一〇年近い。何度も会っているが、タグ・ネームを教えてくれただけで、本名は名乗らない。彼は雄弁にこう語る。

自分は枠のなかでやれっていうことに耐えられない。作られたレールや制度、マニュアルとか、根本的に耐えられない。ライターのなかにはリーガルでやったり、ギャラリーを回るタイプと、アンダーグラウンドのコアでやるタイプがある。自分は顔が割れたくないし、後者でいたい。

それに対して二人目は、僕たちが三年前に知り合った男性で、当時二三歳。大学を卒業したばかりで求職中。キャリアは二年。ただし一年近く前、公共物にタグを描いていた現場で警察に捕まり、罰金を徴収されて以来、「外ではやっていない」といい、現在はもっぱら自宅でノートに下絵を描きためているという。今もライターとして活動しているかどうか分からない。彼もスケートボードを携えていて、いつも渋谷や原宿で滑っているという。彼は初対面のさい、僕たちに本名を教えてくれたが、タグ・ネームを明かそうとはしなかった。リーガルウォールについては、

わかんない…テレビとかも最近は観ないし。

〔もし依頼が来たら、という質問に対して〕そういう話なんかないから…道具代も自分持ちだったらわざわざやらないと思う。リーガルウォールやっても……

〔道具を用意してくれるのであれば〕考えるかもしれないが、全然知らない人からの依頼だったら難しい。大きな壁に描いてみたいとは思っているが、僕たちに下絵のノートを見せ、「高校時代は美術2だった。ご覧のとおり下手」と謙遜する。

現在、ライターが監視の目を気にすることなく、ピースの制作に集中できる機会は決して多くない。リーガルウォールの参加者たちは、たいていの場合、その表現力が群を抜いており、ライターたちのあいだで評価が総じて高い。ただしすべてのライターがそれに関わることを望んでいるわけでもない。僕たちが出会うことはなかったが、都市空間におけるヴァンダリズムに没頭しているライターのなかには、リーガルウォールの存在意義そのものを否定する者もいるかもしれない。

ライターたちの日常的実践に対して、その外部からの支援によって提供されるリーガルウォールを、彼ら自身がどのように考えるか――リーガルウォールはある意味、普段は言語化されることがないライターとしての自己、生き方を顕在化する「探り針（probe）」のようなものかもしれない。それゆえ僕たちにとって、リーガルウォールは非常に興味深い話題だった。

この「グラフィティ」という呼称に包含された都市現象は、日本では九〇年代以降、社会問題としての「落書き」と表裏一体の関係にあり、互いにまったく異なる文脈で語られてきた。こうした視角にしたがって、この現象をめぐるまなざしは、スケートボードなどの路上文化と同様、おのずと都市空間の「管理」と「抵抗」という対抗的言説に分裂していく（→2節）。だが、日本におけるグラフィティ文化を細部から検討するならば、リーガルウォールをはじめとするパフォーマンスを、ライターたち自身がメディア・イベント的に演出していることが見えてくる。「抵抗」言説にしたがって、リーガルウォールを管理施策による「囲い込み」と処断してしまうことは容易いが、ほとんどの場合、イニシアティヴを握っているのが熟練ライターたち自身であることは看過できない（↓3節）。こうしてみるとグラフィティは、「管理」言説に対抗的であると同時に、多分に折衝的なのである。こうした「歩み寄り」にも見える状況において僕たちは、今日のグラフィティを如何なるものとして捉え返すことができるだろうか（↓4節）。

2　日本におけるグラフィティ文化の形成と展開
――ヴァンダリズムとプロフェッショナリズムの相生

2-1　タグ・ネームに仮託された有名性（としての匿名性）

グラフィティの系譜については諸説あるが、一九七〇年前後のニューヨークにおいて、若者たちが壁や地下鉄の車両にタグを書き付けたのが発祥で、その後、全米で急速に浸透していったとされる点では一致している。七一年、地下鉄にTAKI 183という文字を記していた若者が『New York Times』紙で取り上げられ、とりわけ大きな注目を浴びた。グラフィティのオリジネーターのひとりとして、彼の名前は今日まで世界中で語り継がれている。

日本におけるグラフィティ文化の発祥は、ニューヨークのスラム街を舞台にヒップホップの揺籃期を描いた映画『WILD STYLE』のワールド・プロモーションが来日する一九八三年に遡るといわれる。DJ／ラップ、ブレイクダンス、そしてグラフィティからなるヒップホップは、七〇年代後半のニューヨークにおいて、アフリカ系、カリブ系、ヒスパニック系のマイノリティが住むサウス・ブロンクスから生じ、やがて全米に広がったとされる文化形態の総体を意味するが、それが如何なるものかを初めて直截に示したという点で、この作品の映像は画期的だった。ところが、八〇年代なかばにおけるブレイクダンスやヒップホップ・イベントの隆盛とは対照的に、グラフィティそれ自体が多くの若者の注目を集めるようになるのは、九〇年代を待たなければならない。

横浜市中区、旧東急東横線の桜木町駅と高島町駅のあいだの高架下には、東急電鉄が黙認するかたちで、一九七七年頃から地元の美術家ロコ・サトシたちによって壁画が描かれていたが、九〇年前後になると多くの若者が競い合ってグラフィティを描くようになった。たとえば、「VGA」というクルーを率いていたKAZZは、九〇年代の初頭から桜木町に多くのピースを残し、日本におけるグラフィティのオリジネーターのひとりとして知られる。九六年以降はKAZZROCKと名乗り、広告やCDジャケット、洋服店の内装などのデザインを幅広く手掛けており、現在は「KAZZROCK ORIGINAL」というファッションブランドを主宰している。また、九〇年代前半からVGAと並んで、日本のグラフィティ文化における主導的な役割を担っていたのが、JELL-Oを中心とする「CAP」（九五年に「AWF」と改称）というクルーだった。

そして九〇年代後半から、キャラクターを中心とするピースのほか、ポスターやロゴのデザイン、ステージなどのアートワークを幅広く手掛けるTOMI-Eは現在、日本を代表する「グラフィティ・アーティスト」として知られており、雑誌やテレビ、イベントなどでの露出が多い。二〇〇五年にはTOMI-Eの自伝的要素が含まれた『TAKI 183』という青春映画が公開され、劇中で自身のピースを披露している。

シンプルで色数の少ない八〇年代までの〈オールド・スクール〉に対して、KAZZやTOMI-Eたちは、ラインが複雑で立体的な作風が多い〈ニュー・スクール〉の旗手であった。九〇年代なかばになると、彼らのように作品としてのピースを重視する立場のほか、公共物の損壊を前提とする行為(=ヴァンダリズム)、危険な場所を好んで描く行為(=ハードコア)など、スタイルの細分化が同時並行的に進行し、若いライターたちが急激に増加したのだった。その結果、桜木町のみならず、代々木公園や駒沢公園をはじめ、新宿、恵比寿、自由が丘、中目黒など、若者が集う山の手の西南地域が、本格的なピースが点在するスポットとして知られるようになっていった。「それはライターたちのメンタリティが形成され始めた証であり、戦いの始まりでもあった。まるでケンカの武器のごとく、グラフィティが語られるようになったのだ」――こう振り返るのは、3節で詳しく述べるように、グラフィティが日本に定着していく過程で決定的に重要な役割を果たしたファッション誌『Fine』である(一九九七年七月一日号)。

このころの下北沢には「FUNK CRIB」というグラフィティ専門店があり、ライターたちが集まる店として知られていた。店内の壁には、ライターたちが紙に描いたグラフィティがたくさん貼られており、彼らが持ち寄った原画や写真がファイルに収められていた。店員の一人は雑誌の取材に対して、「ライターは、まっさきにこのファイルを見るんです。他の人のテクニックも気になるんでしょう。いい意味で競争心がわいてくれればいいんですけどね」と語っている（『スタイル・オン・ザ・ストリート』一九九六年一月号）。僕たちは、当時この店に客として頻繁に足を運んだという三〇代なかばのライターに会い、話を聴くことができた。この店で買ったというスプレー・ノズルを手に、彼はこう語ってくれた。

しばらく描いていたら、『Fine』の「お店紹介」のようなページで、初めてのグラフィティ・ショップが下北沢にオープンするというのを読んで、そこに行ったらJELL-Oという人がいたんですよ。その人は当時、ロサンゼルスなどに渡って描いていて、一番すごかったんですよ。彼もFUNK CRIBに出入りしていたんですね。そこで「僕も描いているんです。見て下さい」と彼に絵を見せたら、「なかなかいいところまでいってるやんけ」みたいな話になったんです。そのとき僕は本名を名乗っていたんですが、JELL-OさんとFUNK CRIBの店長さんが、「これだけできるんなら、ちゃんと〔ライターとしての〕名前を持ったほうがいいよ」と言ってくれて、それで〇〇〇と名乗ることにしたんです。

FUNK CRIBは九六年の初頭、高井戸のダイニングバーにおいて、国内初といわれたグラフィティ・イベント「GRAFF EXPO'96」を主催しており、会期中には「GRAFFITI ART DISCUSSION」という座談会が開催された。このころ、あくまでヴァンダリズムとしてのグラフィティを称揚する立場と、（そうした価値観から「商業主義的」と揶揄された）KAZZやTOMI-Eたちのプロフェッショナリズムとのあいだで摩擦が表面化しており、その齟齬が議論の焦点になったようである。その場に立ち会ったラッパーのECDによれば、「その時のディスカッションなんて、顔を出しているのはKAZZさんだけで、あとは覆面してたり溶接工のお面被ってたり」していたという（藤田 1996:32）。ごく少数のプロフェッショナリズムに対して、圧倒的多数のヴァンダリズム。この構図は今日まで変わっていない。

もっとも、たとえグラフィティを始めた当初はヴァンダリズムに傾倒していても、年齢を重ねて経験を積むにしたがって、グラフィティを職能として捉えるようになるライターは少なくない。ヴァンダリズムとプロフェッショナリズムの両方を同時に指向するライターも数多くいて、相互に排他的な関係でもない。そして、ごく少数ではあるが、九〇年代から活動を続けるライターたちが成熟している現在、グラフィティを若年文化（youth subculture）とは言い切れなくなっている。

2-2　社会問題としての「落書き」

いつしかグラフィティの「聖地」となった桜木町では、互いの作品を消し合い、高架壁のみならず、付近の道路標識などにまでグラフィティを描く行為が目立つようになった。ロコ・サトシは、「人の痛みが分からない人が好き勝手に個性のない絵を描いているだけ。表現者と鑑賞者の間のコミュニケーションも成立せず、醜悪なものに成り下がってしまった」（『産経新聞』二〇〇三年一一月四日、神奈川版朝刊）と嘆き、最近まで高架下の壁画制作から遠ざかっていた。

column 10

「グラフィティ・アーティスト」の商業性／非商業性

グラフィティ文化では、とかくストリート上のヴァンダリズムに目がいくが、ここでは金銭的対価を得てライターに着目したい。彼らはその芸術性が評価されて「グラフィティ・アーティスト」と呼ばれる一方で、しばしば「商業的」と揶揄される。彼らにとってグラフィティはどのような意味をもっているのだろうか。

　グラフィティ・アーティストとして商業的にもっとも成功しているのがTOMI-E《トミー》だ。マスターピースをイベントやクラブの壁《ウォール》に描くほかにも、作品をポスター、CDジャケット、ファッションやTVCFに提供するなど、その活動範囲は広い。二〇〇六年にはTOMI-Eの自伝的映画『TAKI183』が公開されている。こうした活躍をみせる第一人者のTOMI-Eでさえ家計を支えるのは「ぎりぎり」だという。それでもTOMI-Eは仕事の依頼を断ることもあるという。「フリースタイルだけですよ（中略）ラフあげてくれってとこは一切やらない」。彼にとってグラフィティとは、事前に下書きを準備したりするものではなく、あくまでも「その場のノリ」で浮かんだアイデアを壁にぶつけた一回性のものでなければならないからだ。

　また、グラフィティ・アーティストGORI《ゴリ》は、「受ける仕事と受けない仕事は相手をみて決める。たとえば単に雑誌のページが余ってるから書いてくれというような依頼は受けない」と言い切る。彼らにとって「妥協しないこと」が仕事の根幹を成している。

　こうしたグラフィティ・アーティストの姿勢は、経済的成功を第一義的な目標に据える人物像を連想させる「商業的」という言葉の対極にある。彼らにとってグラフィティを通じた自己表出はアイデンティティの根幹を成しており、経済的報酬は副次的なものに過ぎない。TOMI-Eは言う。「徹底的にやってダメだったら（中略）ストリートに戻る。（中略）でもどんなことがあっても一生スプレーは握ってるからね」。われわれは皮肉にも「商業的」とラベリングされたグラフィティ・アーティストに、もっとも「非商業的」な働き手の姿をみることができるのだ。

（伊佐栄二郎）

グラフィティはいかにして「落書き」として社会問題化していったのか。たとえば『讀賣新聞』を例にとって、「落書き」に関する記事を抽出してみると、グラフィティが浸透する九〇年代を通じて、その語られ方にいくつかの変化を認めることができる。

まず第一に、一九九九年ころになって、いわゆる「割れ窓理論」（Kelling and Coles, 1996=2004）に裏打ちされた「落書きは犯罪の始まり」という公理が一般化する。それ以前における警察や地域住民の反応は、「渋谷署では『何の目的で書いているのか分からない』と首をかしげている」（一九九四年四月二七日、東京版朝刊）、「釣り人たちの間では『若者らしくエネルギッシュで面白い』『違和感がある』などと賛否両論」で「『害になる絵か、価値のある絵かを判断したい』と、消すか残すかを目下検討中だ」（一九九六年六月三〇日、西部版夕刊）といった具合に、対応の仕方に戸惑いがみられ、「被害」であるという認識が薄い。ところが次第に、「これ以上の無軌道が続けば、街は若者へのシンパシーすら失いかねない」（一九九九年六月一日、東京版朝刊）といった危機感が目立つようになる。そして二〇〇〇年には、第一面のコラム「編集手帳」が、「落書き」と「犯罪」の相関関係について次のように述べている。

窓の割れた車を放置しておけば、車はたちまち丸裸にされてしまう。同じことで、地下鉄などの落書きの放置が犯罪の多発につながっている。そう考えたニューヨーク市は落書きを消すことから始め、実際に犯罪を激減させた。公園、ガード下から民家の壁や商店のシャッターまで、日本ではこのところ落書きの被害は急速に広がっている。そう言えば犯罪も増えた。（『讀賣新聞』二〇〇〇年八月一〇日、東

京阪朝刊）

そして実際、このころから「落書き」に対する警察の取り締まり強化、地域住民の対決姿勢が目立つようになっていく。

第二に注目しておきたいのは、社会問題としての「落書き」の背景に、主として若年層のあいだに「グラフィティ」という路上文化が浸透していることが、少なくとも新聞やテレビの報道においては、ほとんど伝えられていないという事態である。とりわけ、新聞記事のなかで「グラフィティ」と表記されることは稀有であり、被害の深刻さが強調されるにしたがって、「大型イラスト」、「落書きアート」、「ローマ字を崩したような『新種』の落書き」から、「スプレー落書き」、「アルファベットや意味不明の模様」、「奇怪落書き」、「アルファベットのようないたずら書き」などに変化してきた。

二〇〇四年四月、群馬県前橋地裁高崎支部は、高崎市の商店街のシャッターなどに「スプレー塗料で落書き」をした学生四人に対して、建造物損壊罪として執行猶予付きの懲役二年から同一年二ヶ月の判決を言い渡した。「グラフをして遊ぼう」が合言葉で、〈犯行〉は商店街の防犯カメラがとらえていた」。この学生たちのなかには「絵を本格的に学んだ者はなく、スプレー塗料で描く方法はファッション雑誌で知ったという」（『讀賣新聞』二〇〇四年四月六日、東京版朝刊）。すなわち、路上文化としての「グラフィティ」と社会問題としての「落書き」は、同一の都市現象をまなざしているにも拘わらず、互いにまったく異なる文脈で語られてきており、双方の視座を包括する状況認識はこれまで皆無であったといってよい。

2‐3　「管理」と「抵抗」の対抗的言説

こうした認識と照応するかのように、この都市現象をめぐる研究もこれまで、大きく分けて二つの相反する視座からなされてきた。

すなわち一方は、それを都市空間における社会的脅威と見なし、景観保全や環境美化の観点からも容認されない「落書き」として位置付け、その減少を企図するための調査である。グラフィティは七〇年代以降、アメリカにおける都市空間の管理施策のなかで、破壊行為ないし反社会的行為として明確に位置付けられ、少年犯罪との連動性が指摘されてきたという伝統がある。先の引用で触れられていたように、ニューヨークでは一九九四年以降、ジュリアーニ市政が治安回復を名目として、「割れ窓理論」にもとづく弾圧政策を実施、「グラフィティ戦争」と呼ばれる掃討運動が展開された。

日本でも近年、「落書き」の発生形態や被害状況を分析する都市工学的な研究がなされ、「行為者側の行動パターンを読みとったり、環境側の対策について検討する」（小林 2003:59）という空間管理の手法が提案されている。また、「落書き」問題に取り組む行政、町内会や自治会、あるいは地域ボランティアといった、都市空間を管理する諸アクターの相互行為に着目した調査（武田 2003）もなされている。

そして他方では、都市空間の管理施策に抵抗する文化的実践として、グラフィティ文化を積極的に評価する批評活動を散見することができる。ジャン・ボードリヤールが『象徴交換と死』のなかで、グラフィティを「もはや政治的・経済的権力の場としての都市ではなく、メディア・記号・支配者の文化による恐怖政治的権力の空間／時間としての都市への、新しいタイプの攻撃」と評したのは、それがニューヨークで一時的に沈静化した一九七五年のことだった（ボードリヤール 1992: 184）。たしかに、ニューヨークを発祥とするグラフィティ文化は、黒人やラテン系貧困層の存在証明であり、白人中心社会の抑圧や既存の社会秩序からの解放を希求する、新たなコミュニティの創出をともなう文化的実践という側面を持っていた。こうした来歴を踏まえて、ジェフ・フェレルはグラフィティを、「脱中心化された不服従、慣例や支配に対する不可解な抵抗」（Ferrell 1996: 197）と呼ぶ。

日本では二〇〇三年の夏、杉並区の公園に設置された公衆トイレの外壁に、「戦争反対」、「反戦」、「スペクタクル社会」と記した人物が逮捕、起訴され、注目を集めた。この「反戦落書き裁判」が大きな契機となって、落書きであれグラフィティであれ、それらを抑圧しようとする管理施策の暴力性を批判する論陣が張られた。すなわち、文化政治学的な観点からは、「行政、司法、ポリシングの三者によって形成される複合体において、数ある無数の落書きのなかから、（中略）反戦落書きだけがとくに『重犯罪』としてコード化されていくプロセス」が問題化され、「『落書きは違法行為だからイケナイ』という文化へゲモニーは、このようなプロセスを通じて機能する原因であり効果である」（渋谷 2004:27）と看破される。また酒井隆史は、グラフィティの抑圧という権力の作動について、「ある人たちからみるとそれは『カオス』の徴であり、ただただ治安悪化の問題でしかないかもしれない。しかしグラフィティのみならず、現代の都市空間に刻まれた様々な落書きがほのめかすのはむしろ、現代の都市空間の、つまりジェントリフィケーションの『秩序性』こそ『破局』的であるようなカオスではないか」と論じている（酒井 2003: 97)。こうした論陣は言うまでもなく、監視社会批判の問題構制と照応している。

だが、都市空間における管理／抵抗の対立軸に収斂しがちな調査／批評のなかで、日本で支持されているグラフィティ文化の内実は著しく見落とされてきた。フェレルはグラフィティを、既成の美的根拠やヒエラルキーによって「上から」もたらされる「権威の美学（aesthetics of authority）」に相反する、集合的交渉によって絶えず再構築される「実践の美学（practical aesthetics）」として特徴付けている（Ferrell 1996）。たしかにライターたちにとっては、価値観が多元的で動態的であること――多くのライターの口から聞くことができるように、とにかく「自由」であること――がグラフィティ文化の核心である（という）。そうであるならば、「管理」言説に対峙する「抵抗」の実践として、グラフィティを解釈／記述しようとする試みは、ライターたち自身にとっては「不自由」で最も忌むべき行為かもしれない。「管理」言説と同様、出来合いの静態的な「抵抗」言説もまた、容易に「権威の美学」へと転倒してしまうのである。

結論を急ぐことなく、ひとまず管理／抵抗の二分法を相対化するために、グラフィティ文化のさらに細部に立ち入ることにしたい。そこで次節では、ニューヨーク発祥のグラフィティが日本に伝播し、定着していく一九九〇年代以降、主に雑誌メディアが果たした役割の変容に照準を向ける。それはグラフィティ文化のあり方を単に反映しているというよりも、むしろその重要な一部を構成しているからである。

3　メディア文化としてのグラフィティ
――『Fine』から『KAZE MAGAZINE』へ

3－1　グラフィティ移入期における『Fine』の位置価

一九七八年に創刊された『Fine』は、「サーフ・アンド・ストリート」をスローガンとする「ストリート系」雑誌の先駆けであり、七五年創刊の『JJ』や七六年創刊の『ポパイ』と並んで、サーフィンやテニス、スケートボードといったスポーツを楽しむ「ウェストコースト派」がファッションとして自立するうえで主導的な役割を果たしたメディアのひとつである。『Fine』では九〇年代の初頭から、「音楽、ダンス、ファッション、アート……そのすべてのフォームを持つカルチャーがヒップホップだ。そのアート・フォームが〈グラフィティ〉」（一九九二年九月号）といった紹介がなされ、あざやかなグラフィティの写真が繰り返し誌面を彩ってきた。

したがって、『Fine』誌上で紹介されたのは、発祥の地であるニューヨークのグラフィティではなく、サーフィンやスケートボードが盛んなアメリカ西海岸のファッションと交配したグラフィティの動向であった。二〇〇六年に公開されたドキュメンタリー・ビデオ『PIECE BY PIECE』は、サンフランシスコのグラフィティが八〇年代以降、対抗文化の薫陶を受けたアメリカ西海岸の地域風土と交配し、独特の発展を遂げてきた経緯を、熟練のライターたちの証言にもとづいて明らかにしている。サンフランシスコのグラフィティには当初、ニューヨークの直接的影響は何もなく、スパニッシュ居住区の地域性を帯びたものだったという。ライターたちは日常的に（電車ではなく）路線バスに乗り、車内に描きまくっていたのだったが、一九八三年、ニューヨークのグラフィティ文化を紹介した『STYLE WARS』がテレビで放送され、地下鉄に描かれたグラフィティの鮮烈な映像が、サンフランシスコのライターたちに強い衝撃を与えたのだった。「俺達にはニューヨークのような地下鉄はない、しょうがないから、壁を地下鉄の代わりにグラフィティしたよ。そうする事で地下鉄にいる気分になれたもんだ」。地下鉄を舞台とするニューヨークのグラフィティが、もしも日本に直接的に定着していたとしたら、今日とは異なる展開を遂げていたかもしれない。

グラフィティを当初、西海岸の新しいファッションとして捉えた『Fine』は、それにも関わらず、当地のライターたちが「アートに専念できて、お金がかせげて、自分のアートがTシャツになってそれでリスペクトされて」いく職能化の過程だけでなく、「壁に描いた名前やアートを消すってんなら、こっちは街中のガラスにタグしまくってやる」といった具合に、ヴァンダリズムとしての側面が前景化していく過程にも目を向けている。「オリジナル・アーチストの再評価とウェアによる人気で、どんどんコマーシャルになっていく一方、アンダーグラウンドのグラフィティ本来の姿を追求する者、グラフィティからステップアップして何か新しいことを始める者もいる」（一九九四年二月号）といった二面性が、たびたび読者に向けて語られていったのである。

こうしてグラフィティの魅力を伝えた九〇年代前半の『Fine』から、多くの若者が、グラフィティを始める動機を得たという。たとえば、一九九五年六月号には、日本国内のグラフィティ・ライター数名を、作品写真とともに紹介する特集が組まれている。その誌上で、ある者は「とにかく立ち止まって見てもらえる絵を描きたい。グラフィティもアートのひとつというのを主張して、もっと街にグラフィティを送り出したいな。俺は日本のやり方で合法的にやっていきたい」と語っている一方、また別の者は「俺は別に名前がほしくてやってるわけじゃない。ドープなスタイルを持ってる奴がいるなら見せに来てほしいし、俺たちは電車だろうが車だろうが何でもやる」と公言している。その当時から活動を続けているライターたちは、「この記事をきっかけにグラフィティを始めたヤツが多かった」「文字は無視、絵だけでイチコロだった」と口を揃える。

グラフィティ・ライターは国内外を問わず、単独での活動を好む者がいる一方で、クルーを組んで活動する者たちも存在する。日本の場合、クルーはライターの居住地や学校の仲間関係から生まれることが多く、そのネットワークが次第に拡大していくのが一般的である。だが、海外のクルーにも参加している二〇代後半のライターは、僕たちに次のように語ってくれた。

グラフィティもスケボーも、人から教わったわけではなく、『Fine』のようなメディアから学んだ。（中略）ライターとはできれば会いたくない。会って何を話すの、って感じ。よくライターに「会えて光栄です」なんて言われるけど、自分なら悔しくて相手を誉めない。言わなくてもグラフィティを見ていたら分かる。

ニューヨークにおいては、グラフィティの共同制作を通じて、熟練者が初心者に技術指導をおこない、スタイルを伝統的に継承してきたという経緯があるため、集合体としてのクルーの概念がとりわけ重視されている（Lachmann 1988）が、日本では年齢差や技術差による上下関係がみられる程度である。従来、暴走族をはじめとする日本の多くの「族」文化では、地元意識や縄張り意識が強く働いていたのに対して、グラフィティのクルーの共同性はきわめて緩やかである。日本の若年文化は近年、その呼称が「○○族」から「○○系」へと遷移してきたように、概して、「常時・画一的なスタイルの集団行動をとるというよりは、ある程度のアレンジや選択の余地を残しつつ、共同性を保つ」（難波 2003: 118）傾向があることを想起しておきたい。

その背景に存在しているのが、メディアが媒介する文化的選好の契機に他ならない。難波功士は「サブカルチャー」全般を、「ある状況において『自分（たち）は、当該社会において通念的ではない○○である（と呼ばれている）』ことを、そこに共在する他の参加者に向かって、特有のモノおよびシーン〈便宜的にメディア1とここでは呼ぶ〉や、成員の身体〈同様にメディア２〉、時には通信・放送・複製などの各種メディア〈同様にメディア３〉を用いて呈示し、その相互作用の過程を通じて○○であることを特定され、認証された（と思っている）人々が共有する文化」と概念規定している（難波 1997: 79）。こうした観点からすれば、国内外のライターたちが使う用語やテクニック、彼らが共有する規範や違法性に対する考え方を知り、日常的身振りを選択的に獲得する契機として、とりわけ『Fine』が愛読されていたことは見逃せない。グラフィティ・ライターたちは、都市空間におけるパフォーマンスの連鎖（＝〈メディア1〉）のみならず、メディアの選択や意味付け（＝〈メディア3〉）を通じて互いに結びついている。タグ・ネームを介して匿名的かつ非身体的なコミュニケーションを交わしているライターたち（＝〈メディア2〉の伏在）にとって、その必要性は格段に高いといえよう。

3-2　『KAZE MAGAZINE』の現場主義

ところが九〇年代の後半になると、編集部の再編にともない、グラフィティを扱った記事は『Fine』から激減し、なかでもヴァンダリズムを許容する（かのような）記事は影を潜める。「落書き」が社会問題として浮上してきた時期と一致していることは、もちろん偶然ではない。

今回紹介してる作品は、すべて合法的に描かれたもの。つまり公共物や他人の私有物に無断で描き殴ったものではなく、許可を得たりルールに則って描かれたものばかりだ。衝動的にストリートにタレ流すのもいいんだけど、グラフィティを追求すればするほど、無邪気にハーコー気取って〝描き逃げ〟してても限界がある。タレ流しは中途半端な自己顕示欲を満たすことができても、それはクリエイティブじゃないから。仕事としてグラフィティをやることに対して日本のライターはネガティブだったけど、そんな時代はもう終わった。という空気が、一九九九年なんとなく日本でも見えてきたみたいだ。（一九九九年三月号）

これに対して、九六年に『Fine』元編集長が創刊した『WARP MAGAZINE JAPAN』は、「ここ最近、ギャラリー的なアートが注目されているけど、WARPはやっぱり現場主義。グラフィティはストリートから生まれたもの。壁にボムしてなんぼ。ハードコアなヤツがマチガイナイ!」といい、「ハーコー(=ハードコア)」を擁護してみせる(二〇〇四年八月号)。この二誌をはじめとする「ストリート系」ファッション誌に限らず、『STUDIO VOICE』や『relax』といった「カルチャー系」の雑誌もまた、二〇〇〇年前後から頻繁にグラフィティを扱っている。ほとんどの場合、「仕事としてグラフィティをやること」(=プロフェッショナリズム)と「壁にボム」すること(=ヴァンダリズム)の狭間で、双方が分かちがたいことを熟知しているがゆえに、どちらか一方を支持するという位置取りを巧妙に回避し、その魅力を読者に伝えているのである。

ところが九〇年代後半以降、こうした商業雑誌よりも格段に「現場主義」を徹底したグラフィティ専門誌を、その現場に身を置く当事者たちが自ら製作し、発行していくという事態が生じている。一九九九年に創刊された『KAZE MAGAZINE』は、ピースを中心とする作品写真を誌面全体に整然と配し、テクストを極力排した構成の写真誌である。誌上において例外的に読むことができるテクストは、(当事者たちには不要な)編集や注釈がまったく施されていない、キャリアを積んだライターたちの生の声である。

——最初は何所に書いてたの?

家の近く、桜木町とかマガジンとか見て刺激受けてた。

——マガジンって?

俺が見たのは「DITA」って言う女性誌、ESOWとKAZZROCKとIZOとか特集されていて見たんだけどなぜか家にあって。もうZEALとかはやってたし、家の近くにKAZZROCKとかも書いてて、台風の日に書いたらしいんだけど、それとか相当凄くて。あとFINEのピース見て「えーこんなやばいんだ!」って

——初めは一人で書いてたんですか?

一人二人。学校に工事現場で拾ったスプレー持っていって書いて謹慎。放課後消しみたいな。本当始めた頃は、考えなかったからポスカでTAG打ったりタミヤの缶使ったり　缶の区別なく、とりあえずスプレーで書いてた。でGRAFF EXPOに行ってCAPとか違うの使ってるよって、それでケープとかVO5も使って　その後大正を使うようになった。(ISSUE 7)

この『KAZE MAGAZINE』は、日本における本格的なグラフィティ専門誌の草分け的存在であり、海外での評価も高いという。またこの他、タグを中心に扱った写真誌なども刊行されている。

一連のグラフィティ専門誌は、いわゆる「インディ・マガジン(自主製作雑誌)」であるため、どうしても不定期刊にならざるを得ないが、ヒップホップ系のレコード店や洋服店をはじめとする自主流通網のほか、都内のミュージアム・ショップや外資系の大型レコード店などでも販売されている。現在、

『KAZE MAGAZINE』は各号四千部（そのうち千部は海外で流通）し、いずれも毎号が完売するほどの人気を集めている。グラフィティ専門誌を数多く取り扱っているタワーレコード渋谷店「タワーブックス」のチーフによれば、種類の面では九八年から二〇〇二年ごろが全盛で、現在は淘汰されてきたらしい。商業雑誌と比べて読者の広がりは限定的だが、その代わり、ライターたちの「横のつながり」によって、口コミで売れているのだという。

二〇〇四年七月に発売された『KAZE MAGAZINE』（ISSUE 8）には、KOMPOSITIONの主催によって制作されたリーガルウォール「渋谷川護岸グラフィティ」のポスターが付録されている。KOMPOSITIONの活動には、『KAZE MAGAZINE』に関わりのあるライターが数多く参加している。水戸芸術館の展覧会「X-COLOR／グラフィティ in Japan」もまた、『KAZE MAGAZINE』の企画協力があったからこそ実現できたものだ。その展示構成は、グラフィティを前衛芸術史の系譜上に位置付けることで「グラフィティはアートか？」を観客に問うのではなく、あくまでヒップホップやスケートボードといった、当事者たちの文化的横断性の地平においてグラフィティ文化を捉えるという仕掛けであった。すなわち、グラフィティの歴史にまつわる資料展示は最初の一部屋だけで、そこから先は日本の現役ライターたちの独擅場である。ギャラリーの壁に直接スプレーを吹き付けた平面作品が基本だが、たとえば、複数台の廃車をダイナミックに用いたり、文字を象ったオブジェを床に配するなど、空間造形や立体造形の手法を取り入れているライターも少なくなかった。

こうした動きにともない、多くの新聞、雑誌、テレビ番組が一斉にグラフィティに関する特集を組み、話題を呼んだ。たとえば、『STUDIO VOICE』（二〇〇五年一二月号）。かつて同誌の特集「グラフィティの未来系」（二〇〇二年二月号）が、グラフィティの歴史的な展開過程やグローバルな動向に照準を向けていたのに対して、今回の特集では、写真家グレート・ザ・カブキ町との協同作業によって、壁にスプレーを吹き付ける日本のライターたちの等身大の姿が活写されているのが特徴的である。

階級や人種によって文化が規定されやすい欧米社会に比べて、日本はメディアの「受容」によって文化が構成される傾向が強いといわれる（成実 2001）ように、ある時期までの「ストリート系」ファッション誌はたしかに、グラフィティ文化を構成する核のひとつであった。しかし近年になって、現在を生きるライターに視座を置いた専門誌が発行され、都市空間におけるパフォーマンスの連鎖がメディア・イベント的な状況のもとで展開されるようになったことは、所与の商業雑誌によって媒介される知識を受動的に消費することに充足せず、放っておけば産業的な仕掛けによって矮小化されかねないグラフィティ文化の枠組みを、ライターたちが自ら能動的に内破していこうとする意志に裏打ちされている。

4　リーガルウォール再考

4-1　「落書き」防止策としての壁画制作

二〇〇四年の夏、無数のグラフィティで埋め尽くされた桜木町の高架下に、一枚の告知が貼り出された。そこに書かれていたのは、「壁の絵再生実験開催のため、九月一六日から現在の絵を消させていただきますので、ご理解、ご協力をお願いいたします」という一文である。

同年二月、東急東横線が渋谷から横浜まで乗り入れる「みなとみらい線」が開通し、桜木町から横浜までの区間が廃止されたことにともない、高架は東急電鉄から横浜市に譲渡された。そこで横浜市都市整備局と国土交通省は九月、ロコ・サトシをはじめ、美術大学の学生からなるグループと協働で、試験的に壁画制作を実施したのである。壁面の一部には、活動に協賛する企業と地元団体の広告が掲載された。壁画は一〇月に完成したが、その直後からライターたちによって、繰り返し「ボム」されるという事態が生じた（図2）。

この事例に先立って、「落書き」防止対策としての壁画制作は、九〇年代から各地で繰り返し試みられてきた。たとえば原宿では九九年、歩行者天国の廃止にともなって急増した「落書き族」への対抗策として、「原宿地区商店会連合会」が実施している。横尾忠則、ロコ・サトシのほか、約二百名の美術系学生が、一〇ヶ所に約八〇枚の壁画を制作した。

商店街を中心とする「落書き」防止対策、その一環としての壁画制作が現在もっとも注目を集めているのは、「若者の街」下北沢である（関西では大阪市心斎橋のアメリカ村がこれに匹敵する）。

下北沢では二〇〇二年、南口商店街が中心となって「落書き防止対策実行委員会」（通称：落書き消し隊）が組織される。手探りで始めた落書き消しの取り組みが、翌年、ＮＨＫの番組『難問解決！　ご近所の底力』で大きく取り上げられたことで一躍、全国の注目を集めた。〇三年には一番街商店街で、初

図2　横浜市が主催した「壁の絵再生実験」の壁画に「ボム」（2007年1月、桜木町で撮影）

めから絵が描かれていれば落書きされないだろうという発想から、美大生のボランティアたちによる「シャッターギャラリー」事業が発足する。

そして二〇〇四年、南口商店街のシャッターをキャンパスとして活用する「下北沢シャッターペイント大作戦」が展開された（図3）。この企画はもともと、下北沢在住のデザイナーである黒澤文子が、株式会社モスフードサービスが公募する「ワクワクタウン大作戦」という社会貢献型キャンペーンに入賞し、活動資金を得たことから始まる。ところが興味深いことに、黒澤は活動を始めた当初、下北沢で「落書き」が問題になっていることを知らなかったという。南口商店街の協力が得られたことで初めて、その主目的が「落書き防止」、「治安悪化の防止（割れ窓理論）」に変貌していったのである。

いまや都市空間における壁画制作は、「落書き」防止策の定石になりつつある。たとえば、僕が住んでいる

図3 「下北沢シャッターペイント大作戦」（2004年5月、下北沢で撮影）

街では二〇〇六年の末、東京都の治安対策モデル事業である「落書き消去キャンペーン」の一環として、塗装工業協同組合が全国的に推進している「らくがきなくし隊」によって清掃された壁面の上に、地元の高校生が壁画を描くという試みがおこなわれたばかりである。こうした潮流は見方によっては、若者たちが犯罪者として恐れられ、市民社会の警察化と相互監視が浸透した「戦場としてのストリート」（五十嵐 2004）の最たる事例であろう。

4-2 「歩み寄り」の文化政治

冒頭で紹介したKOMPOSITIONや水戸芸術館のリーガルウォールは、こうした潮流を逆手にとって実現したものだ。

KOMPOSITIONが推進しているリーガルウォールもまた、その趣旨として「若手のアーティストに作品制作の機会と、作品を評価される機会を提供することで

column 11

下北沢の取り組み

割れ窓理論によれば、「落書き」の放置は、その地域に犯罪を誘発する要因とされる。「落書き」の増加に伴い、全国の自治体では条例を厳罰化する傾向にある。取り締まりを強化しても、それを一瞬で遂行する当事者を捕らえることは難しい。「落書き」は消さなければそこに残る。また、消してもすぐに書かれる。いたちごっこが現状である。行政や警察にできることにも限界がある。

下北沢で生活する人々も、防犯という観点から「落書き」を問題として認識し始めている。南口商店街振興組合理事長が中心となって活動している、「落書き防止対策実行委員会（通称：落書き消し隊）」は、二〇〇二年に四つの商店街と町会によって発足した。行政や警察とも連携して、落書き消しのみならず、商店主とアーティストを結ぶシャッターギャラリーの提案、地域住民との対話を通して、この問題に取り組んでいる。落書き消しの活動は、HPにて日時と集合場所を知らせ、地域住民や商店主だけでなく、来街者をも巻き込むかたちで行われている。下北沢の街を愛する人たちが集まり、いろいろな話をする場がそこにはある。また、地域の小中学校の生徒と落書き消しを行ったり、高等学校の学園祭では、生徒が企画した落書き問題を取り上げたパネルディスカッションにも参加している。落書き消しを通じて、落書き問題への認識を深めてもらおうと、地域住民との様々なコミュニケーションを試みている。地域住民と来街者の参加によって、新たなコミュニティがいくつも形成されている。

「落書きということを引き合いに、下北沢の地域の問題にいろんな人に取り組んでもらいたいのかもしれない」と関係者の一人は言う。「落書き」という下北沢のひとつの問題を、地域住民や来街者が一緒に考え、取り組むこと。それは自身の生活する地域に向き合うことである。落書き消し隊の活動と地域住民や来街者の関係に、グラフィティが編み出したもう一つの文化を垣間見ることができる。

（上村晴彦）

（中略）副次的に落書きの抑止や街の活性化、若者のモラルアップ」を掲げている。彼らの活動は、宮下公園の「落書き」を消すことから始まった。「落書き」というのは、主にタグのことだ。タグを消し、ピースを描く。それを根気よく続けることで渋谷区の信頼を得た。

それは一見すると、「落書き」防止対策としての壁画制作と区別がつかない。しかしライターたちが、自分の技術が勝っているという自負のもと、タグで埋まった壁面に上塗り（going over）することは、もともと珍しいことではない。KOMPOSITIONがリーガルウォールを始めて間もない二〇〇四年の夏、代表理事の寺井元一は、僕たちにこう語ってくれた。

僕らの世代は信頼がないし、マイナスからの始まりなので……。まずは半年間継続して「落書き」を消し続けています。コンポジは一勝一敗構造をやっていきたいとしているので……義務と権利ですね。描き続ける若者と消し続ける管理側ではお互いしんどいし、建設的ではないでしょう。（中略）地域側は美観を保つことが目的で、ライター側が少し歩み寄り「地域に合ったものを組み込んで描きますよ」という風になって、そこに腰を据えて時間をかけて描ければ、というのが宮下公園の当初の目的でした。

そして、KOMPOSITIONは現在、桜木町の高架下における壁画再生に参画しており、これまでの実績を踏まえて、新しいリーガルウォールのあり方を試験的に構想している。これは無論、あらゆる表現者

column 12

「リーガルウォール」は根付くのか——「落書き」の管理施策者の視点から

グラフィティをめぐる都市現象の調査において、「落書き」の管理施策者に対するインタビューのなかでは、「法の下に取り締まりを強化するのみではなく、彼ら（グラフィティ・ライター）との接点を求め、お互いに受容しあう術を探究していかなければならない」という意見もあった。ＮＰＯ法人KOMPOSITIONによるリーガルウォールの試みは、その「接点」に近づく興味深い活動である。

「落書き」問題に取り組む武蔵工業大学の小林茂雄助教授は、「リーガルウォール」を広義に捉えて、「若者の創造的な表現欲求を利用して、地域景観に美と活気を与え、また違法な落書きも抑えようとするもの」と説明する。小林助教授はその長所を、①街なかに芸術作品が生まれる、②自由な発想の絵が描かれる事で景観に堅苦しさがなくなり地域に活気を与える、③若い芸術家に自己表現の機会を与えられる、そして短所を、①「落書き」する者に練習の場を与えることになる、②遠方から「落書き」をしに来る若者が増える、③放置しておくとそこを起点として「落書き」が増加し治安が悪化する、④質の高い絵が描かれないと全てが逆効果になる、と整理している。その中で短所③（＝メンテナンス）は、さまざまな事例を見るにつけ、とりわけ重視すべき点であるように思われる。

「リーガルウォール」を媒介として、管理施策者とグラフィティ・ライターとの「接点」を見出せることができるか。下北沢における管理施策者の一人は、KOMPOSITIONの取り組みについて、一度ぜひ話を聞いてみたいと興味を示したが、壁画そのものについては「受けつけない絵」と答えた。ライターの関心は様々で、タギングを中心とするライターは、そもそもリーガルウォールに関心を示さない。「接点」は見出しにくい。しかし、このような試みが、グラフィティをめぐる都市現象の構図を、少しずつ変えていく可能性をもっている。グラフィティが無くなる街をすべての人が望んでいるわけではない。

（石川幸太郎）

に対して開放されており、グラフィティを排するものではない。ここで「やばい」ものを見たいという心性は、ライターたちと限りなく接近している。

水戸芸術館の場合、二〇〇二年以降、市街地を美術表現の舞台とするアート・プロジェクト「CAFE in MITO」が開催されていることもあって、多くの市民がリーガルウォールを許容する素地を備えていたと言えるだろう。参加したライターたちは、『STUDIO VOICE』の誌上で、「水戸でやってみてどうだった?」という質問に対して、「とりあえず水戸の人はみんないい人でしたね。街の人がすごい温かかった」、「シュークリームとか持ってきてくれたりね」、「私もパンの差し入れと、ラーメン屋で味付け卵を貰った〜」、「キャバクラとかラウンジとか超おごりまくってくれて」といった具合に、市民との良好な関係を揃って口にしている（二〇〇五年一二月号）。

日本における現在進行形のグラフィティ文化に対して、僕たちがそれぞれ審美的にどういう価値判断を下すにしても、その倫理にひとたび接近しようとするならば、こうした調停のプロセスを看過することはできない。行政、警察、市民社会といった都市管理のアクター連関とのあいだで、いくつもの矛盾や葛藤を抱え込みながら係争的な緊張関係を保持するなかで、グラフィティ文化におけるヴァンダリズムとプロフェッショナリズムの位置価が、近い将来、新しい組み替えを起こすことがあるかもしれない。この視角からの展望を欠いたまま、グラフィティに内在する「実践の美学」を本質主義的に語ることを、僕たちは躊躇しなければならない。

（飯田　豊）

2

タグ

――都市下位文化における匿名性

1　不安を誘発するタグ

二〇〇三年五月一日の放送から計四回、「落書き」問題に対する商店会や地方自治体の取り組みを継続的に紹介しつづけてきたNHK総合のテレビ番組『難問解決！ご近所の底力』は、二〇〇六年に入って新たな展開を見せた。これまで同番組は単に「落書き」を当事者の足跡を表す「コードネーム系」とアーティスト気取りの「アート系」に分類していたが、二〇〇六年七月三一日の放送では、グラフィティの表現様式の分類に踏み込み、そのなかの「タグ」に焦点を当てたのである。タグを「新種の落書き」として位置づけ、「落書き」を効率よく消す方法や、「若者」から描く気を奪う「妙案」を提示しあうという点は従来と変化していない。しかし、興味深いのは、「割れ窓理論」（Kelling & Coles 1996=2004）の援用を垣間見せつつ、タグを消さずに放っておくと新たな犯罪に結びつき、グラフィティ・ライターと直接的な関係がない、ほかの犯罪集団が便乗する可能性を指摘したことだ。つまり、タグそれ自体が、直接的な迷惑行為であることにとどまらず、不安や危険を間接的に連鎖させる源とする構図を提示したのである。

具体的には、大阪市中央区西心斎橋・アメリカ村の状況を伝えるなかで、「R11」と記されたタグは住民が十一時になると留守を示す暗号であること、「15×」というタグは十五日および十五時は不在であること、タグが放置されている場所は管理が行き届いていない犯罪多発の危険地帯であることを意味するなどと説明していた（図1）。むろん、タグは窃盗などと直接結びついた暗号ではなく、後に詳しく見るように、基本的にはアルファベットを組み合わせた当事者の変名である。それは、警察などの取締りから自身の身元を隠すために用いられることはたしかであるが、グラフィティ文化の表現様式のひとつである。

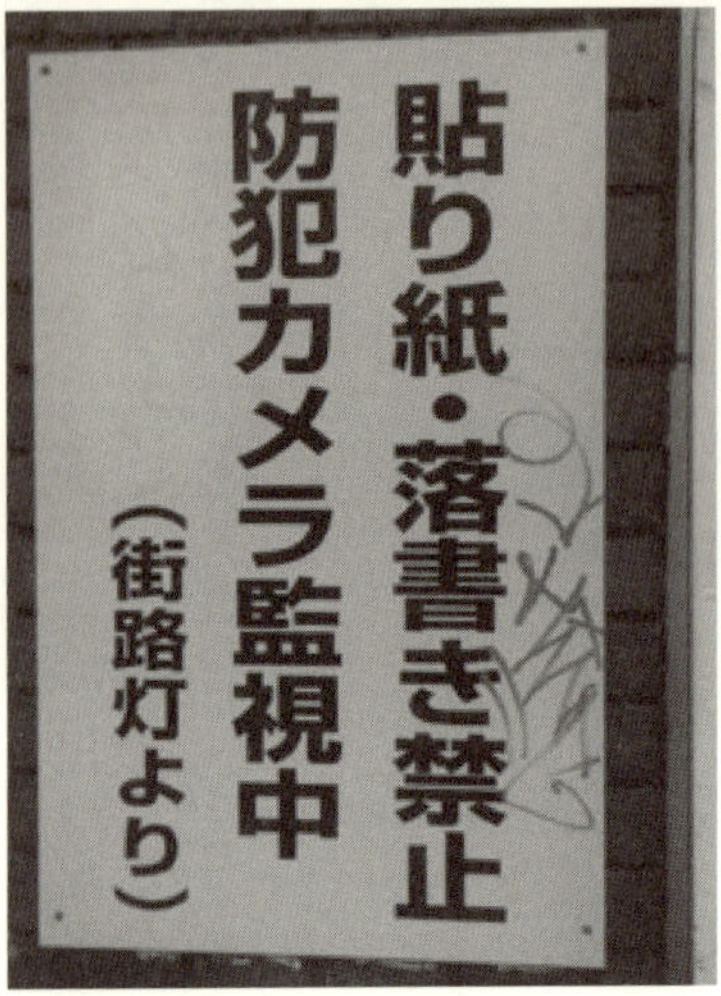

図1　「落書き」禁止の看板、右下にタグ
（2006年12月、大阪・アメリカ村で撮影）

ではなぜ、タグを単なる「器物損壊罪」に抵触する犯罪行為から、「見えない」社会解体を助長させる社会的脅威の象徴へと位置づけなおす論点の移行が促されたのであろうか。それには、さしあたり、タグ（グラフィティ）が「匿名性 anonymity」に基づく営為であることが起因し、当事者の姿を窺い知ることのできないという不気味さが被害者の想像力を豊かにさせるからだと答えることができよう。そこには、逸脱をする者とそれを非難する者とのあいだの距離を生みながら恐怖心だけが増幅される「犯罪不安社会」（浜井・芹沢 2006）の縮図がある。

これまでも犯罪学は、窃盗、通り魔、電車内の痴漢、集合住宅内の生活騒音に基づく隣人殺人などの犯罪を、加害者と被害者のあいだの表面的、一時的、非人格的な「匿名性」の関係下に生じる「都市型犯罪」として位置づけてきた（米川 1987；藤本 2005）。冒頭のNHKの番組もタグを「都市型犯罪」の延長として捉えるものだ。

このように犯罪学が都市と匿名性の結びつきを否定的に捉えてきたのに対して、都市社会学は、否定的な評価と同時に肯定的な評価も下してきた（藤竹 1973: 129；森岡 1993: 66）。たとえば、ゲオルグ・ジンメルは、無数の「見知らぬ人」との外面的な接触に晒される大都市の精神的な生活条件として、相互の冷淡さや無関心と同時に憎悪や闘争からなる他者との「対立」を挙げることができ、雑踏のなかには孤独や荒涼感とともに「自由」が潜在していると指摘していた（Simmel 1903=1976: 276-279）。このようなジンメルが言う両義性は、都市において、「非通念性」の増大にともない「犯罪的な側面と革新的な側面（たとえば芸術などの）」（Fischer 1975=1983: 82）が並行して立ち現われてくるというクロード・S・フィッシャーの指摘にもつながっている。

グラフィティも、それらの指摘に符合し、芸術／犯罪、合法／違法、ギャラリー／ストリートといった様々な境界線を脱構築しながら、都市空間における表現の可能性を問う都市下位文化と言える。しかし、ここで、都市下位文化を単に「都市」と称される物理的空間や容器のなかで展開されている文化として了解することを留保するならば、下位文化当事者にとって都市空間はどのような社会的実体をもって立ち現れていると考えることができるのだろうか。この点に関して本章では、都市空間と「匿名性」の関係を踏まえ、グラフィティ文化にみる「匿名性」およびそこから派生するコミュニケーション様式に補助線を絞って考察を加えていきたい。というのも、本書で取り上げられているストリート・アーティストやちんどん屋と異なり、グラフィティ文化、そのなかでもとりわけタグは、姿の見えない「見知らぬ人」同士による、対面的ではない相互行為によって紡がれるという点に特徴があると考えるからだ。

そこで本章では、自明視されがちな都市空間と匿名性の結びつきを、フィールドワークを介して問いなおすことによって社会学的通念を鍛えあげ、都市下位文化内で匿名性が果たす機能や、匿名性それ自体の位相の変容を明らかにすることを目的としたい。まずは、都市における匿名性に関する先行研究を概観、検討しておくことにしよう。

2　匿名性の位相

2-1　都市論と匿名性

振り返ってみるならば、先述のジンメルをはじめ、都市社会学の祖たちは、「見知らぬ人」や「よそ者」たちで構成される都市への驚きにそれぞれ対処してきた。よく知られているように、ジンメルを経由した、ロバート・E・パークらを創始者とするシカゴ学派の都市社会学の系譜において、ルイス・ワースは都市を人口量、密度、異質性という三つの生態学的変数から定義した（Wirth 1938=1978）。一方、そのような純粋な生態学的変数が都市における生活様式や非通念的行動の産出を従属的に決定づけるのではなく、都市度は人口の集中に基づくとしてワースを批判的に継承したフィッシャーは、都市における逸脱ないし秩序は、下位文化の生成と分化を通して強化されると主張したフィッシャーが定義する下位文化とは、「様式的な信念や価値や規範のセットであり、それは、より大きな社会システムや文化のなかにあって、相対的に区別されうる〔人と人とのネットワークや諸制度のセットとしての〕社会的下位体系と結びつけている」（Fischer 1975=1983: 57）。

匿名性に関しては、ワースが匿名性を単に知名の対語である無名性として捉え、人口量がそのような匿名性をもたらすとしたのに対して、フィッシャーは「見知らぬ人」を、「単に知らない人」と「異なる下位文化世界の人」とに区別した（松本 1996: 415）。そして、人口量に起因する匿名性が、親密で直接的な第一次的関係の弱化と間接的な第二次的接触の優位につながるというワースの考えを批判し、都市において匿名性の縮減をもたらす第一次的な社会関係――「異なる下位文化世界の人」によって形成される「モザイク的な小世界」（Park 1916=1978: 91）――が維持されていることに光を当てた（松本 1990: 90,102）。

それゆえ、都市空間における匿名性が孕む不安に関して言えば、フィッシャーは、単に知らない人としての「見知らぬ人」に大量に囲まれていることばかりが脅威を抱かせるのではなく、異なる下位文化に属し「奇妙な行動をする知らない人びとのなかにいることが、たとえその奇妙な行動が明らかに犯罪的なものでなくても、とくに人に脅威を感じさせる」(Fischer 1984=1996:137)という説明の仕方を用いたのである。後者の「異なる下位文化世界の人」は、しばしば若者、ジェンダー、エスニシティ、職種といった機能的類型や、服装、髪型といった「スタイル」をインデックスとして識別されてきたのであった。

なお、伝統的にシカゴ学派の都市社会学によるサブカルチャー研究に対しては、「下位文化 Subculture」という訳語が当てられてきており、本章でもその訳語を用いている。しかし、難波功士が的確に整理しているように、「サブ」や「下位」という語義をめぐっては、上位/下位、正統/異端、高級/低級、全体/部分、主流/傍流などの境界を設定する主体、権限、判断基準や、二項対立の枠組み自体の妥当性が、シカゴ学派やバーミンガム学派の成果を関連づけるなかで問われなければならない(難波 1997:72; 2006:163-164)。本章はこれらの点に踏み込むことができないが、フィッシャーによる定義が下位文化の境界を強固なものとして捉えていた点は批判されるべきであり、グラフィティ文化の場合、当事者の多くはヒップホップやスケートボーディングなどを渡り歩き、下位文化の境界は動態的なものであることは指摘しておきたい(上野 2005:25)。

ここで、「匿名性」の位相に詳細に立ち入るならば、小川博司や山崎哲哉が整理したように、「生活誌上の他者」である「単に知らない人」は「無名的匿名性」、職業やスタイルなどの機能的類型を介して認知され、個人名が没名している状態は「類型的匿名性」と定義できよう(小川 1979;山崎 1999)。都市空間は視覚的には他者に晒されていても生活誌的情報は知られていないという無名的匿名性が保たれているがゆえに、逸脱を生み出す温床としてある（永井 1986）。また、上述のフィッシャーの議論を敷衍するならば、都市空間は相互無名的匿名性の世界であるにとどまらず、下位文化内で相互知名関係や（知名が一方通行的な場合である）有名-無名関係の分化が展開する場としてあると言えよう。そこには無名的匿名性の対概念であるはずの親密性が生まれる余地が内包されている。

親密性の話に入る前に、従来の都市論における議論が、匿名性の浸透にともなう都市での他者経験において、時間・空間の共有や直接性にもとづく対面的な相互作用――アーヴィング・ゴッフマンのドラマトゥルギー論やエドワード・T・ホールのプロクセミックスなど――を前提とするという共通点をもっていたことは強調しておきたい。

2-2　メディア論と匿名的親密性

都市論と異なり、アルフレッド・シュッツは社会的世界の構造分析を通して、「われわれ関係か彼ら関係か」＝「親密性か匿名性」という軸と、「対面的か非対面的か」＝「時間・空間の共有か非共有か」という軸とは互いに独立した関係にあることを指摘した。つまり、匿名性という範疇においては対面的関係よりも、他者志向のあり方――われわれ関係を成立させる「汝志向」、彼ら関係を成立させる「彼ら志向」――が優先すると説明した（Schütz [1932]1974=1982: 271-280）。それゆえ、シュッツの理論構成からは、非対面的でもわれわれ関係が生じ得ることや、機能的類型を通した他者経験である「彼ら志向」においても親密性を経験し得るということを演繹することが可能になっている。

シュッツの指摘を受けた山嵜に倣えば、上記のような対面的ではないが親しみを抱き得る一方で、様々な誤解や対立をも生む圏域を「匿名的親密性」と呼ぶことができよう（山嵜 1999）。このことは、メディア論における議論を参照した方がよりわかりやすい。

交通・通信手段の発達や時間‐空間の圧縮をともなうグローバル化によって、空間の共有や近接を前提としない脱空間化された親密性が形成・強化されていることは、固定電話、ラジオ、テレビはもちろん、インターネットやケータイを介したコミュニケーションを想起すれば十分頷ける。ジョシュア・メイロウィッツが、ゴッフマンが言う対人的相互行為をメディア介在の対面的相互行為へ拡張しながら述べたように、親密性を育む社会的場所は時間・空間の共有や身体的共在と結びついた物理的場所から乖離していく（Meyrowitz 1985＝2003）。フィッシャー自身も九〇年代になると、下位文化の生成と強化にとって、人口集中よりも交通・通信手段への「アクセス」可能性を重視し、空間を超えた下位文化の展開を示唆するようになった（Fischer 1995）。

以上をあえて二分法的に整理すれば、従来の都市論が概ね、身体を共在させた時空の直接性のなかで匿名性および親密性の度合いを判別してきたのに対して、メディア論は対面関係に基づく時空の共有を前提としてこなかったと言える。

しかしながら、結論をやや先取りすれば、グラフィティ文化が興味深いのは、メディア上に特有とされてきたコミュニケーションが都市空間において繰り広げられている点にあるのだ。つまり、対面経験

図2　ステッカー（2006年12月、大阪・アメリカ村で撮影）

を介在させずに親密性を築き得るような相互作用を都市空間において成立させているのである。それはこれから説明する、グラフィティの基本的な表現様式のひとつであるタグがもつ機能が可能にしている。

3　表現様式——群衆を楽しむ術

タグは、グラフィティ・ライター個人の呼称や数名から構成されるグループである「クルー crew」の名前を指す「タグ・ネーム」をスプレーやマーカーで手短に描き付ける表現様式であり、ピースの脇にも付記される。なかには一人で複数のタグ・ネームを使い分ける者もいる。ここで広義には類型的匿名性に属するものの、故意に自らの本名を匿しつつ署名する様態を「戦略的匿名性」と呼んでおこう。タグ・ネームは、インターネットのBBSに見られるハンドル・ネームと似ている。

タグを描く行為であるタギングには、主にスプレー缶やマーカーなどが用いられ、「インクがずっと残るかどうか」や映える色の選択が重要だと言う。「スクライブ scribe」と呼ばれ、壁や窓ガラスなどにドリルの先端部、金属片などの尖ったもので傷をつけて描く行為のほか、「ステンシル stencil」と呼ばれ、切り抜いた段ボールや厚紙を型紙としてタギングに用いることや、タグを描いたステッカーをあらかじめ作成しておき、電柱などに貼付けていくこともある（図2）。

タグは、グラフィティの技術や意匠の表現であると同時に、自らのタグ・ネームという変名を都市空間に刻印する行為でもある。たとえば、一九七〇年前後のニューヨークにおけるグラフィティ文化の火付け役である「Taki183」は、自らのニックネームであるTakiに住所という地理的情報を組み合わせたものと言われるほか、アメリカではヒップホップからの引用や、下位文化内での調整などによってタグ・ネームが命名されることが紹介されている（Ferrell 1996: 60-61）。日本でもアメリカと同様な命名の仕方があり、自らの本名をアルファベット表記して短縮したものを用いる場合、ある熟語を短縮する場合、単なる語感で選ぶ場合などがある。まれに、漢字などを用いる場合もある。

「スローアップは五分前後、ピースは二時間から十六時間ぐらい」の描く時間を要し、「自分は遅い方だけど、一晩かけて描く。それでも足りなければ次の日も行く」と言われるように、ピースにいたっては数日に渡って制作されることがある。それに対して、タグに要する時間は一瞬であるがゆえに容易に描くことができ、また描いている行為が人目につきにくいこともあって、日本でももっとも数多く見られる表現様式である。経験を積んだグラフィティ・ライターの中には、深夜に行動している方がむしろ怪しく感じ、昼間の人が大勢いる中に紛れて、瞬時にタギングに及ぶ者が多々いる。たとえば、エスカレーターの昇降の際に瞬時に指の爪でタグを手摺に刻み込むこともあると言う。「グラフィティの道具は普段から持ち歩いているのか」という筆者たちの問いかけに対しては、「普段から持ち歩いている。なければ落ち着かない。財布や指輪がないのと同じ」、「イケてる時はいつも持っている」といった声が聞かれた。つまり、一定の時間や準備を要するスローアップやピースと異なり、タグの場合は日常的に迅速かつ頻繁に行うことができる。このほか、グラフィティでは、違法性の観点からも描く速度が重視される。

このようなグラフィティがもつ速度のほかにも、すでに述べたように、グラフィティ文化の特徴は、必ずしも身体を共在させる対面関係を有さずに展開していく点にあるがゆえに、クルーに属さない者を含む群集がパフォーマンス自体を目にする機会は限りなく少ない。そのため、都市空間に散在するグラフィティを調査する者は、「沈黙セル発話」(酒井 2002: 58) としてのグラフィティを発見、吟味するところから出発しなければならない。それは、遺留品や痕跡が残された現場およびその後の足跡から「犯人」の行動を推測しようとする探偵的行為と近似していよう。

実際、都市工学や景観保全の観点から試みられている落書き被害や落書き分布の調査では、グラフィティ・ライターへの聞き取りに基づくのではなく、「どのような場所に落書きがされているかを調査しその特徴を分析することで、行為者側の行動パターン」(小林 2002: 59) を読み取ろうとしている。たとえば、二〇〇一年時点の首都圏における「落書き」の分布調査を試みた小林茂雄は、次のように報告している。桜木町は「JRと東急線の高架下に手の込んだ落書きが密集している」。代官山は「多彩な色を用いた丸みを帯びた絵が多い」。「JR山手線の目黒〜原宿間、高田馬場〜新大久保間の陸橋路沿いの擁壁や陸橋、高架下に大きなサイズの落書きが並ぶ」。吉祥寺には「若者グループのサインを示す落書きが多い」。それに対して、原宿、渋谷、下北沢を包含する一帯は、「殴り書きから手の込んだ落書きまで、最も落書きが密集する地域」であると（小林 2003: 96）。小林による調査結果を換言すれば、桜木町や代官山にはピースが多く、山手線の西南エリアにはスローアップが点在している。それに対して、若者が数多く集う渋谷、原宿、下北沢、吉祥寺を包含する一帯にはタグを中心に、あらゆるグラフィティがもっとも密集している地域と言える。スローアップやピースに比べて、本章が注目しているタグは大きな壁面積を必要としないし、それを見る人と壁とのあいだの距離の確保がグラフィティの見栄えに影響しない。それゆえ、広告などに占有されない空白の壁が少なく、幅員の狭い渋谷などの都心にはタグが増殖することにつながっている。ほかにも、人通りが多く、監視の度合いが高い都心では描くのに多くの時間を要するピースよりは瞬時に描くことのできるタグが選択されるという事情がある。

また、村上正浩らによる下北沢周辺の「落書き」（グラフィティ）の分布調査では、夜間に居住者がいる店舗併用住宅には落書きの数が少なく、閉店時間が二四時以前の店舗に多いこと、街灯・照明の有無が落書きの数に影響していること、電柱が路上の死角を作り出すために落書きの場所として好まれることなどが報告されている（村上 2004: 357-360）。村上の調査報告から言えることは、グラフィティ自体は他者のまなざしを多く獲得しつつも、違法性の観点から、身体は他者のまなざしに触れにくい場所が選好されているということだ（南後・飯田 2005: 118）。

グラフィティ・ライターたちは、群集を楽しむ術を正しく体得していると言えよう。近代都市の発達と結びついた探偵小説において「犯人」が（同じく近代都市の産物である）群集のなかに紛れ込んで足跡を消す術を身につけていたように、彼ら／彼女らは「他人の監視から心理的に自分を防御しながら、他人の中に身を浸し、自由になることのできる快楽を見出す」（藤竹 2004: 68）。つまり、他者に観察されつつ他者を観察する恍惚を味わいつつ、群集がもつ「儀礼的無関心」や無名的匿名性という本来的性質を利用しているのである。しかし、これらはグラフィティ文化に限ったことではない。

グラフィティ文化の特徴は、都市空間における無名的匿名性を共有しつつも、そこに戦略的匿名性を重ね合わせている点にある。たしかに、上述の都市工学・景観保全の観点からの調査報告からはグラフィティ・ライターと監視や取締りを含む他者である「単に見知らぬ人」との関係は読み取ることができるかもしれないが、「下位文化内に属する者」同士のあいだに介在する行動様式は浮かび上がってこない。「グラフィティを描いていて、どういった目を意識するのか」という筆者たちの質問に対して、グラフィティ・ライターたちは、「同種も気になるし、そうでない他の人の目も気になる」、「素人の目線はそんなに気にしない。ライター目線かな。君が格好いいと思うのと、俺が格好いいと思うグラフは違うわけだし。ずっとグラフを描いてきた奴のが一番の関心」、「昔と今では変わってきた。昔はライター同士の目しか気にしてなかったし、コマーシャルに活動しているライターは嫌いだったが、今はそうじゃない。商業主義でも格好よければいい。世の中に自分のグラフィティを出していって、多くの人に見てもらいたい」などと答えてくれた。

実際、ピースの場合は「芸術」をめぐる職業化や制度化との折衝を強くともなうために一般の人びとのまなざしをも意識する度合いが高いのに比べて、タグの場合は下位文化内のまなざしを意識する傾向にある。では、タグという戦略的匿名性を介した相互作用とは、どのようなものなのだろうか。

4 戦略的／戦術的匿名性を介したコミュニケーション

4-1 身体・時空間の非共在

たとえば、技術度の低いグラフィティを指す「トイ toy」や「ワック wack」には、部分的もしくは全体的な上塗り行為を意味する「ゴーイング・オーバー going over」がなされることがある。ゴーイング・オーバーとは、自らが技術面で格上であることを示す場合やスタイルに同意できない場合の、他のグラフィティ・ライターへの挑戦である。時には当事者間の争いである「バトル battle」に進展することもある。それは、痕跡であるグラフィティに対して、つまりは都市において姿が見えず同定することが難しい相手に対する事後的な攻撃であると同時に、ゴーイング・オーバーの応酬のうちに、タグを介して、相手を特定することにもつながっている。もちろん、クルーの構成員内や、クラブやギャラリーなどのたまり場では対面経験を有しているが、筆者たちが恵比寿や中目黒のたまり場に何度か足を運んだ際も、彼ら／彼女らはお互いをタグ・ネームで呼び合い、本名、職業、居住地などの属性に関してはあまり興味を示さなかった。

ゴーイング・オーバーを一例として、グラフィティは「イマ‐ココ」という時空を共有せずとも、都市の表面を作りかえていく営みを通じた相互行為だと言えよう。約八年の経歴をもつ二〇代半ばの元グラフィティ・ライターが語るように、都市空間でのグラフィティは「顔も知らない仲間とのコミュニケーションにもなっている」(『讀賣新聞』二〇〇〇年五月二七日大阪版夕刊)。つまりは、都市下位文化内にも相互無名的匿名性の関係にある者同士が存在し、互いに対面的関係をもたない当事者同士によってコミュニケーションがはかられているという側面をもっているのだ。

また、下位文化内では個々人が都市空間に残すグラフィティの技術、量、描く場所(site)、商業的成功などをめぐって匿名的親密性――競争関係や序列化――が生じている。タグの場合も技術や新奇性が問われるのであり、もはや「ストリート」で危険を冒しながらタギングをするというハードコアやヴァンダリズムそれ自体が評価に直結することは少なくなりつつある。グラフィティ文化にみる匿名的親密性とは、何らかの均質的な意識の共有を意味しないのである。グラフィティへの向き合い方は一様ではなく、むしろ同一化およびレッテルへの抗いや、グラフィティの「本物性 authenticity」という不在の中心をめぐる折衝を内包しているのだ(南後・飯田 2005: 121)。

他方で、ある地域に特定のタグの量が急増したり、高所や電車など、描くのが困難な場所にグラフィティが出現すると、ほかのグラフィティ・ライターたちの注目を浴び、BBS上でネタになるのも事実だ。このような、タグという戦略的匿名性を媒介とした集合的営為によって、都市空間において保持されているところの無名的匿名性が弱化していく。人びとにとっては無名的匿名性を帯びた存在であるグラフィティも、タグがもつ署名性ゆえに対面経験を有さずとも、下位文化内では相互知名関係や有名-無名関係を形成していくのである。彼ら／彼女らの有名性および「下位文化資本」(Thornton 1995) は、「ストリート」でのハードコアやヴァンダリズムの活動のほかにも、インディ・マガジンなどのオルタナティヴ・メディアや、マスメディア、職業化、ギャラリーなどの制度およびプロフェッショナリズムをめぐる外部要因によって動態的かつ多元的に決定されている。

4-2　継続的な産出

このように、フィールドワークを進めていくと、一見、個々の断片の集積にすぎず、無秩序に散在しているかのように見えるグラフィティから、不可視のコミュニケーション・ネットワークが匿名的親密性の内実をもって浮かび上がってくる。「沈黙セル発話」であるグラフィティが、生き生きとわれわれに語りかけてくるようになるのだ。都市空間を遊歩する際、少しでも注視すれば電柱、標識、自動販売機、壁などに数多くのタグを目にすることができるだろう。実際、日本においてタグは九〇年代以降に急速に増殖し、都市空間に遍在するようになった。

そこで次に、タグが多く存在する地域が、渋谷や原宿など、「若者」の人口量と関係しているのがたしかだとしても、そのような大量のタグを産出せしめたグラフィティ・ライターの心的傾向を問いたい。というのも、タグの増殖を裏支えしている理由は、人口量という生態学的変数では説明しきれないと考えるからだ。なぜ、グラフィティ・ライターは大量のタグを継続的に産出しようとするのであろうか。また、なぜ、危険をともなってまで、都市空間でハードコアやヴァンダリズムに傾倒するのだろうか。

なんで外にかくかといえば、街に人がいなければかかないですよ、絶対に。人とつながりたい。こういうやり方でしかできないんですよ。やっぱり俺なんか一人か二人くらいでしかかいたりしないんですけど、一人でかいてるときもけっこう多くて、一人でやってると相当孤独なんですよ。あんまり人と会わないでやってると、いろんなとこにやったりするけど反応がわかんないんですよ。これ気づいてくれてるのかなとか。同業者の人は気づいてくれてると思うんだけど、それ以外の人が気づいてくれてるのかわかんないから。だからどんどんやるんですよ。（近藤 2005:177）

上記の発言から読み取れることは、スリルを求めてグラフィティに興じる姿だけではなく、存在論的な不安に駆られた姿、つまりは、継続的に都市へ繰り出してタギングをすることが再帰的な自己言及になっているということだ。このことは、「不安なんですよね。自分のタグがなくなると、自分の存在もなくなるんじゃないかっていう」（近藤 2005: 182）という発言にも如実に表れている。有末賢は、成長型の都市化の終焉および人口の安定化にともない、近年は「匿名性の都市的性格において、解放性や創造性の面に比べると、匿名性の孤立感やリスク感の方がはるかに大きくなっている」（有末 2006:49）と指摘している。グラフィティに即して言えば、一見、解放的で創造的な表現の発露に見えるグラフィティが、孤立感や「不安」に裏打ちされたものとして立ち現れてきていると言った方がより正確であろう。

街を歩いていてもタグの打てるポイントとかステッカーの貼れる場所しか見てないですね。駅の何口に何があるとかほとんどわかんないですね。昼間の顔を知らない街もあるし。だいたい自分のタグのないところをなくしたい。だからかけばかくほどずっとやってなきゃいけなくなるんですよ。ずっとあるっていう状態にするために。前あそこ行ったけどしばらく行ってないな、また行かないとみたいな。（近藤 2005:175）

このように、タグの量に担保されたコミュニケーションが継続性を帯びていること、つまり、日常／非日常の境界を越えてライフスタイルの一部となっている理由には、グラフィティが再帰性を帯びた自己言及の営みになっていること以外に、下位文化の職業化が影響していると考えられる。

グラフィティ・ライターのなかには、Tシャツや CDジャケットのデザイン、映画やテレビへの作品提供など、ファッション・デザイナーやグラフィック・デザイナーとして活動している者がいる。また、美術館やギャラリーでの展覧会といった制度化も進行中である。直接的な報酬の有無にかかわらず、「ストリート」における表現活動がもはや経済資本と無縁ではないことは言うまでもないだろう。「下位文化資本」および社会関係資本は、金銭と交換可能である。しかし、そのような商業的成功を収める者はごく一部である（南後・飯田 2005:119-120）。にもかかわらず、職業化の道が残されているがゆえに、グラフィティと関係を絶つことなく長い経歴をもつグラフィティ・ライターが存在し、もはやグラフィティ文化は「若者文化」とは言えなくなりつつある。実際、筆者たちが接することのできたグラフィティ・ライターには二〇代後半から三〇代でグラフィティと関係のないアルバイトを続けながら活動している者が多かった。先のグラフィティ・ライターの発言に見られる「不安」は、多くは定職に就かない下位文化当事者の雇用や経済的状況をめぐる不安定さを含意していよう。

外で書くことでしか自分を出せないんですよ。気づいてほしいんですよね、自分の存在に。うまくやるのができないっていうか、自分がこうなんだっていうのを伝えるのがこれしかできないんですよ。

（近藤 2005:177）

図3　QPのタグ—1　立て看板の裏
（2007年1月、東京・中目黒で撮影）

図4　QPのタグ—2　自動販売機横の配管（2007年2月、東京・渋谷で撮影）

自己顕示の手段として採用されたタグは、無名的匿名性のままでは満たされない自らの承認欲求を充足する手段ともなっている。ただし、それはたとえば六〇年代の赤瀬川原平らの「ハイレッド・センター」の「首都圏清掃整理促進運動」（一九六四年）が匿名団体として行なった直接行動とは異なり、直接的に他者と対峙することはない、間接的でナイーヴなコミュニケーションでもある。また同じく六〇年代の学生運動にみられた「落書き」が、既存の体制や抑圧的な秩序からの自由や解放と分かち難く結びついていたのに対して、タグをめぐっては、先の有末の指摘にあるように、孤独感や不安感の方がより迫り出している。実際、タグのなかには「下位文化資本」を蓄積した者やグラフィティを継続していく者たちではなく、映画や雑誌に一時的に影響された便乗犯や愉快犯とでも呼ぶべき「フォロワー」によるものも多い。

図5　QPのタグ―3、公衆電話の中央下（2007年2月、東京・渋谷で撮影）

また、二〇〇五年の水戸芸術館の展覧会にも参加し、QPというタグ・ネームで「ストリート」でも活動しているグラフィティ・ライターは次のように述べている（図3、4、5）。

今まで続けてるのは……やっぱり一番大きいのは子作り本能だと思うんですよね。かいたものは子どもなんですよね。QPは一人歩きしているというか、勝手な感じ。

QPは外にばーっていて、俺そのものの人間はまた別で。（近藤 2005:179）

いわば、タグという戦略的匿名性が仮面としての役割を果たし、自らを「解離」させつつ、他者との「つながり」を可能にしている。それは直接的な身体の共在が孕むコミュニケーションや「接近」の煩わしさを回避し、他者と間接的な関係性をもちながら自尊心を満たすために編み出された自己防衛的な装置だと言えよう。

九〇年代以降のタグの増殖には、伝えるべき自己を確保したうえでの表現というよりはむしろ、偏執的かつ継続的にタギングに興じる表出のなかで、かろうじて自己の連続性を保とうとする当事者の姿がみて取れる。ここまで来ると、タグがもつ戦略的匿名性は、必ずしも明確な意図やメッセージをもった見通しのよいものとは言えない。それは、ミシェル・ド・セルトーの「戦略と戦術」の区別に従えば、「自分のもの〔固有のもの〕」をもたないことを特徴とする」戦術であり、「利益を蓄積し、自分のものを増やし、あらかじめ出口の見当もつけておけるような基地をもっていない」という点で「戦術的匿名性」と呼んだ方が適切かもしれない（Certeau 1980=1987:101-102）。ド・セルトーの指摘を変奏すれば、タギングは、都市空間という「他者の場所」で、「保存がきかない」基地や居場所を非連続的かつ瞬間的に生み出していく技芸だと言えよう。興味深いことに、QPは、自らのグラフィティをそのような基地に近いたとえを用いて、次のように話している。

あれはよくイカとか言われるんですけど、Qちゃんという生き物であり、家ですね。心の拠り所、すなわち家という感じ。俺にとっての拠り所であり、他のみんなにとっての拠り所、ほっとするような。家をいっぱいつくる、シムシティみたいに。リアルシムシティ。家をたくさん建てる。街づくりですね。（近藤 2005: 180）

5 見る・見られるという関係を超えて

QPがメタファーとして家を用いていることが意味するのは、もはや家→地域→都市という段階論的に親密性が希薄化するのではなく、むしろ都市の方が帰属心の紡がれる居場所として立ち現れてきているということだ（三浦ほか 2006: 75-76）。つまり、都市が、孤独や不安に苛まれる場というよりもむしろ、孤独や不安から自らを守るシェルターとなっている。というのも、一定の人口量や下位文化の強度をもつ都市空間では、無名的匿名性を帯びた他者のまなざし、ないしは戦術的匿名性に媒介された他者との「つながり」による承認が得られる確率が限りなく高いからである。

しかしながら、果たしてグラフィティにみる戦術的匿名性を介した相互作用とは、まなざしの相互承認、つまりは「見る・見られる」という関係にとどまるものなのであろうか。

なるほど、近代の都市的体験における視覚の優位はしばしば指摘されるところであり、それと共犯関係をもつかのように従来の都市論も「見る・見られる」という関係を特権的に扱ってきた。少し話が迂回するが、かつて見田宗介は、都市は人間を、服装、容姿、持ち物などの具体的な表相性や、出生、学歴、肩書きなどの抽象的な表相性によって対他存在として規定する「まなざしの地獄」であると述べていた（見田 1979: 27-28）。また吉見俊哉は、盛り場の社会史を描くなかで、六〇年代の新宿に集う人びとが「触れる＝群れる」身体感覚を醸成していたのに対して、七〇年代以降の渋谷では、ファッションなどを通じた視覚的コミュニケーションに代表されるように「眺める＝演じる」という回路を突出させていく様を論じていた（吉見 1987: 320）。それは、「まなざしの地獄」それ自体が享受され、快楽の場へと反転していく局面であろう。そして、吉見が、消費社会と結びついた渋谷の空間演出に、都市空間における「見る・見られる」の関係を媒介する舞台装置の役割を見出していたのに対して（吉見 1987: 299）、北田は、ポスト八〇年代の渋谷が、もはや物語の舞台性を喪失して単なる情報アーカイブと化し、人びとのまなざしは散逸化するようになることや、都市が「見られているかもしれない」不安から「見られていないかもしれない」不安を解消するために繰り出す場へと変貌していくことを指摘した（北田 2002: 126-128 ; 141）。それは、まなざしが希薄化することが地獄（「まなざしの地獄」→「まなざしの」消失→「地獄」）として経験される局面であろう。むろん、見田から吉見、北田へと至る系譜が、まなざしの有無や強弱という平面上で議論を展開していることを鑑みるならば、それは「まなざしの地獄」の徹底化が進行していると考えてもよいかもしれない。

では、「まなざしの地獄」の徹底化とは何を意味し、その先には、何があるのだろうか。試論の域を出ないが、「まなざしの地獄」の徹底化とは、もはや「見る・見られる」という関係には充足できなくなった「若者」たちが、直接的な身体感覚や実存感覚の醸成に回帰することを示していると考えることはできないだろうか。

グラフィティは身体が非共在のまま展開されるコミュニケーションであるとしても、たしかに、戦術的匿名性を介した「見る・見られる」の関係を享受している。しかし、それと同時に都市空間をたえず移動し、危険やスリルをともなってグラフィティに興じるハードコアやヴァンダリズムは、身体感覚に直接かつ強烈に訴えかける行為でもある。グラフィティにみる身体の非共在は必ずしも身体性の欠如を意味するのではなく、むしろそのままではシミュラークルの世界にとどまる戦術的匿名性を介した「つながり」の虚無感を代補するがごとく、自らの身体を都市に刻み込んでいると言えるのではないか。ただし、それは六〇年代の新宿に見られたような集団的な直接行動ではなく、タグという戦術的匿名性をインタフェースとして用いて他者との「つながり」を形式的に確保する一方で、自らの身体や固有性と再帰的に向き合おうとする点で屈折している。また、それは吉見が七〇年代以降の渋谷における消費文化や若者文化を論じる際に言及していた、無名的匿名性に基づく一回性の視覚的コミュニケーションの連鎖ではなく、非対面的であるが継続性と触覚的体験をもっている。

かつてジャン・ボードリヤールは、次のように述べていた。「グラフィティは、都市の壁面、地下鉄やバスの路線などをひとつの肉体につくりかえてしまう。落書きによってあらゆる性感帯を刺激された、はじめもおわりもない肉体に」（Baudrillard 1976＝1992: 197）と。肉体につくりかえられた都市とは、当事者の外部化された身体としてのグラフィティが血肉化することによってこそ露になるはずだ。

6　時空間の共時性を超えて

さらに、ボードリヤールは意味で満たされた都市空間を攪乱するグラフィティの攻撃力を肯定する一方で、タグは「からっぽの記号表現」であり、「お互いに与えられ、交換され、伝えられ、無限に交代しあうこと」それ自体が自己目的化されているという示唆に富む指摘をしていた（Baudrillard 1976＝1992: 189-190）。ボードリヤールの指摘を敷衍すれば、固有の内容をもたない記号であるタグは、客観的な共通言語体系としての類型的匿名性ならびに戦術的匿名性を都市下位文化の媒介項および交換単位という形式として徹底させることによって、時空を超えた集合的営為や相互承認を可能にしていると捉えることができるだろう。そのような共通言語体系は、ひいては、国内外を問わず、グローバルな同時性や移動性のなかで育まれるグラフィティ文化の「シーン」の形成にも一役買っていよう。「例えば亡くなったやつの名前が、九八年だから七年間、いろんなとこに増え続けている。誰かがやってるかもしれないし、もう彼がやってるともいえるんだけど」（近藤 2005: 172）というエピソードは、稀有ではあるが、タグが単独の私性との結びつきを解除しながら、形式的かつ集団的な交換がなされていく顕著な例だ。

　このような、タグを介した「儀礼」は、ほかにも挙げることができる。たとえば、「既知」のグラフィティ・ライターのタグが描かれた壁には挨拶代わりにタギングをすると言い、東急東横線渋谷駅〜代官山駅間の線路とJR山手線渋谷駅〜恵比寿駅間の線路が交差する付近の歩道橋は、まるで京都・鴨川の川辺で一定の間隔を置いて座っていくカップルたちの光景のように、手摺や階段がほぼ等間隔でタグによって埋め尽くされている。大量のタグが描きつけられた壁やシャッターとは、そのような儀礼的コミュニケーションの場となっているのだ（図6、7、8）。それゆえ、タグを消さないで放置してある壁やシャッターにタグが増殖する理由は、「シャッターやその周辺が汚れていることが多いことから、汚す行為に抵抗が小さい」（小林 2002: 62）といった都市工学的観点に基づく調査結果からのみでは説明し尽くせない。彼ら／彼女らは都市空間に身体を共在させることなく、しかしピンポイント的に場所を共有することによって「つながりの社会性」（北田 2002: 153）を享受している。人びとにとっては無秩序でデコード不可能な記号の戯れにしか映らないタグを通じて、グラフィティ・ライターたちのあいだでは儀礼的コミュニケーションが交わされているのだ。奇しくも、ボードリヤールがタグにみた、絶え間なく続く交

図6　タグで埋め尽くされた壁
（2007年1月、大阪・堀江で撮影）

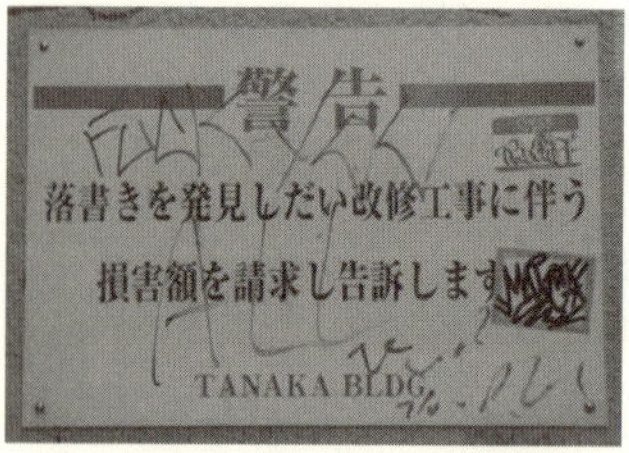

図7　図6の中央にある看板の拡大写真
（2007年1月、大阪・堀江で撮影）

図8　タグで埋め尽くされた駅前の歩道橋
（2007年1月、東京・代官山で撮影）

換の形式とは、北田がケータイを素材に指摘した、意味伝達指向のコミュニケーションではなく、見られること＝接続されること自体をめざす接続指向のコミュニケーションの形式であるように思われる（北田 2002: 143）。

ここの裏にはあいつのがあるなと思って見たら、たいがいある。

街を歩いて、グラフィティを見ていたら、会ってないけど、そいつのことがわかる。こいつ元気にしてるのかなとか。見かけなくなると、どこか行ったのかなとか、何か他のことしてるのかなとか。俺のあれがここにあって、あいつのあれがあそこにあってと、すぐに目に浮かぶ。

ここで言う「あいつ」や「既知」のグラフィティ・ライターとは必ずしも互いに顔を知っている関係および身体を共在させる対面経験を有することを意味するとは限らない。それはＷｅｂ上のネット・コミュニティにおいて相手のことを「知っている」が実際に会ったことはないという関係と類似している。壁やシャッターへのタギングは、ＢＢＳなどのサイバースペースへの書き込みと構造的同型性をもっていよう。

これまでしばしば、都市空間の雑踏に見られた「匿名性」に基づくコミュニケーションが、インターネットやケータイの誕生によって、サイバースペースへ侵入するとともに（森岡 1993: 70）、「匿名性」がもつ性質が変質していくことを主張する議論が提出されてきた（富田 2002: 57-58）。つまり、都市空間の無名的匿名性が他者の身体との共在という対面経験によって保たれていたのに対して、インターネットやケータイを介したサイバースペースに見られる類型的匿名性は、そのような対面経験を持たずとも、身体感覚の一部や文字を介して互いの一部の情報を共有することにより、ときに親密性を築き上げながら保持されているというのである。

なるほど、そこで想定されている都市空間／メディア（サイバースペース）の二分法を一旦受け入れるならば、グラフィティ文化の場合には、都市空間からメディアへというコミュニケーションの場の移行とは逆のベクトルが働いていると言えるだろう。というのも、メディア上に特有とされる、身体を共在させず、類型的匿名性を介した「イマ-ココ」を共有しない関係の場を都市空間において展開しているからだ。しかし、これはグラフィティ文化に限ったことであろうか。あるいは、都市空間における他者とのコミュニケーションとは「イマ-ココ」を共有する他者に対象を限定し得るものなのだろうか。

この問いに答えるには、フリードリヒ・A・キットラーの論考「都市はメディアである」（Kittler 1995=1998）を踏まえた若林幹夫の議論が参考になる。若林は、都市は本来的に地域や諸集団間の関係を媒介する種々のメディア――言語、貨幣、法、交通・通信システムなど――を組み込む「マルチメディア・システム」として存立しており、「局地的な場を超えた広域的な交通関係の場」としてあると説明する（若林 2002: 237; 242）。若林の説明に付け加えるならば、都市がマルチメディア・システムであるとは、それらの種々のメディアが共時的のみならず通時的に集積している、つまりは歴史的沈殿物として堆積していくことをも意味していよう。都市には「ありとあらゆる文字形態が澱のように沈殿」(Benjamin 1982: 1047) していると述べたヴァルター・ベンヤミンの言葉を想起しておいてもよいかもしれない。そして、より重要なことは、それらは時空間の不連続性や非同一性を孕みながら無数の人びとによって書き換えられていくということだ。「第二の自然」という言葉を持ち出すまでもなく、都市には「匿名の」人びとによって形成された人工物が集積、堆積しているのであり、単にモノとモノ、あるいはモノと人の相互作用とみなせば、グラフィティ文化も特異な事例ではない。

以上を踏まえれば、グラフィティ文化の戦略的匿名性に基づくコミュニケーションは必ずしも特殊なものとは言えなくなる。都市空間における匿名性を介したコミュニケーションとは、時空の共有および身体の共在を前提とすべきものではないはずだ。むしろ、そのような前提をもとに議論を進めようとしてきた都市論の方に時代論的な制約や偏りがあるのではないだろうか。

グラフィティ文化を通して見てきたことは、匿名性の都市空間からメディアへの移行およびその逆という、二分法的な図式に乗せるべきものではない。むしろ、グラフィティは送り手と受け手の区分や身体が置かれる時空の共時性を超えたコミュニケーションを展開し、都市空間の表面を現在進行形で書き換えていくことによって、都市が、電子情報に媒介されたサイバースペースが誕生する以前から、無数の作者をもつ「作品」としての、あるいはn×nのコミュニケーションがなされる場としての存立様態を前景化させる。つまりは、都市がマルチメディア・システムであるという自明であるからこそ見えにくくなっている社会的事実を露骨に提示しているのだ。

そうは言うものの、グラフィティ文化が特定の時代背景のもとに台頭してきていることもたしかだ。それゆえ、今後、「マルチメディア・システム」内の断層を身体と空間の関係性を含めて精査していくことが求められよう。奇しくも、タグが増殖しはじめた時期は、インターネットやケータイの普及と並行しており、あたかも都市空間におけるケータイの使用と類似するがごとく、公共空間に暴力的に私的空間を生成させるグラフィティも、新たなメディアの誕生による同時代性を共有していることは否定できない。

たとえば、個人がタギングをし、他者のタグを確認して回ることのできる地理的範域には制約があるが、雑誌メディアやインターネットの介在が、都市空間に散在するグラフィティを集約的に呈示、保存することを可能にしている。そして、物理的な都市空間において展開されるグラフィティの動向が、メディア上での相互評価と連動し、グラフィティ文化の形成と維持に貢献している。つまり、インターネットをはじめとするメディアの組み込みが離散的な集合行動としてのグラフィティ文化を裏支えしているのだ。

他方で、グラフィティ文化は、手で直接描く文字や絵画という古典的なメディアを駆使し、壁をキャンバスに転用、あるいはスクリーンに見立てて情報の蓄積や伝達を行なうなど、都市空間を構成する既存のメディアの「潜在的有用性」を再発見していることにも留意したい。また、グラフィティ・ライターは、都市空間の経験において、物理的な量塊感に対する身体感覚を研ぎ澄ましてもいる。

ストリートってドキドキするとこ。初めて会うものが多いんだよね。初めて目にするもの、聴くもの、考えることが多い。自分に対しても、それが自分にはねかえってくるし。何かを発見する、発見したいためにそこに行く。その新鮮さを実感して見ているっていう感じ。実際のものしかみてないんだよ、ガイドとか雑誌じゃなくて。実際そこへ行って起こることや感じたことは嘘じゃない。ここゲットーだなーとか、ここリッチだなーとか、つまんねーとか、色気ねーなここ、とか。自分の目と体感で。それを感じてかたちにする。こう見えたよっていうのは嘘でもなんでもない。そこにあったものはCGとかじゃないじゃん、直接触れるし。（近藤 2005:170-171）

グラフィティ文化の展開にとって、雑誌メディアやインターネットなどの諸メディアの組み込みが欠かせないものである一方で、グラフィティ・ライターは、そこに回収されない「リアリティ」を模索し、そこに充足しない身体的欲望を「ストリート」に帰着させている。さらには、既存のメディアによって構成された「風景」への疑義をも投げかけている。「ストリートは本当に大事。何が起こるかわからない。警察の力、自分の力、企業の力、何もかもが交錯する場。ここを見なくちゃいけないし、ストリートで実際に起こることを通して物事を判断していく」、「自分の信じていることをやっているだけ、とりあえず進んでいこうって。一個一個自分で確かめていくしかない」と語るように、グラフィティ・ライターは、都市空間の即物性や肌理に寄り添いながら、その「心理地理学的起伏」を再定位しているのだ。

このように、マルチメディア・システムとしての都市は、複数のメディアが不連続性をもちながら相互補填する関係にあり、グラフィティ文化も、そのような重層する都市の断層として隆起しているに違いない。

7 まとめ

これまで『ストリート・コーナー・ソサエティ』(一九四三年)をはじめとして、都市下位文化構成員同士が互いをニック・ネームで呼び合う事例は度々紹介されてきたが(Whyte 1993=2000)、それらのニック・ネームは基本的に都市空間において身体を共在させて活動する仲間を指すのに用いられてきたものだ。それに対して、グラフィティ文化のタグ(タグ・ネーム)は、対面経験を有するとは限らない下位文化構成員に対する呼称としても用いられる。また、それは単に下位文化構成員を呼ぶ際の愛憎の反映としてあるだけでなく、様々な相貌をもっていることが明らかになった。

第一に、タグという戦術的匿名性は、「単に知らない人」と「異なる下位文化世界の人」のあいだにのみ社会的距離を生んでいるわけではない。それは、下位文化の構成員間の距離――接近と回避――を調整する装置としても機能している。タギングは、個人的な快楽主義に結びつきつつ他者との交換を成し遂げ、匿名的親密性を築き上げる一方で、直接的な身体の共在を拒むことによって、他者の過度な侵入を防いでいる。そこには、ジンメルが指摘した、孤独と自由のせめぎ合いを垣間見ることができる。

第二に、特定の場所に限られず、公共空間／私有空間の区別なくランダムに生成しつづけるタグは、あまねく地域住民を不安にさせる「犯罪不安社会」の具現という側面だけではなく、若年層を取り巻く社会的不安の表出という側面を併せもっている。タギングはそのような社会的不安を「芸術」的行為によってポジティヴな経験として置換する「癒し」のような沈静作用がある。

第三に、タグの増殖からは、過剰な承認欲求を看取してきた。タグを都市空間に蔓延らせていく行為は、あたかも自己のデータベースを積み上げていく作業のように映る。ここで言うタグ＝データの量に担保された自己とは、タグ＝データが消去されてしまえば、固有性を奪われかねないという儚く表面的なものである一方で、タグ・ネームという戦術的匿名性によって都市空間での他者による識別や承認が可能になっている。逆に言えば、見田が指摘したように、依然として都市は「ある種の強いられた関係から脱《のが》れようとしながら、ある種の関係を欲求」する「関係憧憬」の場であるということだ（見田 1979:25）。そのような「関係憧憬」の場は今やインターネットやケータイのサイバースペースが代替しつつあるが、身体的な欲望はそこに充足するとは限らない。否、サイバースペースが都市空間に組み込まれることによって、「ストリート」という物理的な場所の共用が、サイバースペースでは満たされない身体的な欲望を代補するものへと変容していると言った方が適切かもしれない。

実際、北田が言う「つながりの社会性」や「接続指向」を通して見てきたタグを介したコミュニケーション様式とは、見田の指摘のうち、後者の「ある種の関係を欲求」する「関係憧憬」が形式化されたものである。その一方で、スリルを体感しながら都市空間で行なうタギングは、身体感覚に強く訴えかけることによって、交換可能なシミュラークルの世界や「つながり」に還元されない自己の固有性への指向ともなっているのだ。

第四に、本章では詳しく触れることはできなかったが、タグの戦術的匿名性は、「レッテル」との強い親和性をもっていることを指摘しておきたい。グラフィティは器物損壊罪に値する犯罪行為という逸脱的特性を帯びているために、グラフィティ・ライターに犯罪者というレッテルが貼られていることは言うまでもない。ハワード・S・ベッカーがラベリング理論を通して述べたように、ひとつの逸脱的特性の所有者は、ほかの犯罪や危害を加えかねない危険人物と予断される（Becker 1963=1993: 48）。冒頭に紹介したNHKの番組もその典型例である。タグは、都市空間に視覚物として増殖しつづけるにもかかわらず、当事者の姿を垣間見ることが難しいゆえに、下位文化のコードを共有しない他者に、何らかのレッテルや同一性のもとに社会的に了解可能なものに回収しようとする欲望をかき立てるのである。

このことは、筆者たちの調査にも当てはまる。当時はもどかしかったものの、今となっては興味深いことに、インフォーマル・インタビューやたまり場での会話の際、筆者たちが用意してきた仮説や質問を、グラフィティ・ライターに躱される機会が幾度とあった。グラフィティは斯々であるとか、グラフィティ・ライターは然々であると了解可能なものや同一性のカテゴリーに回収しようとする筆者たちの姿勢が見透かされていたのだろう。「グラフィティって一括りにしたり、そこに何か特別なものを見出そうとするけど、みんな目指していく方向はバラバラだし、人それぞれ」、「もうグラフィティって言葉が多様化しすぎているというか、死語。括弧つきの言葉」。彼ら／彼女らからは、個々人によって異なるグラフィティへの向き合い方を同一化されることに対する苛立ちが伝わってきた。下位文化のカテゴリーに全面的な帰属心を寄せるわけではないグラフィティ・ライターが用いるタグという戦術的匿名性は、同一化なき集団性の装置としても機能し、さらにそのことは外集団との接触や批評家の介在を極力、回避してきたこととともつながってきたと考えられる。

（南後由和）

参考文献

有末賢（2006）「都市空間の匿名性と若者の社会関係　フラグメンテーションと下位文化」『日本都市社会学会年報』24,42-55.

Baudrillard, Jean (1975) *L'echange Symbolique et la Mort*, ＝今村仁司・塚原史訳（1992）『象徴交換と死』ちくま学芸文庫

Becker, Howard S. (1963) *Outsiders: Studies in the Sociology of Deviance*, ＝村上直之訳（1993）『新装アウトサイダーズ　ラベリング理論とはなにか』新泉社

Benjamin, Walter (1982) *Gesammelte Schriften*, V·2, Suhrkamp Verlag.

Borden, Iain (2001) *Skateboarding, Space and the City: Architecture and the Body*, ＝齋藤雅子・矢部恒彦・中川美穂訳（2006）『スケートボーディング、空間、都市　身体と建築』新曜社

Certeau, Michel de (1980) *Art de faire*, ＝山田登世子訳（1987）『日常的実践のポイエティーク』国文社

Ferrell, Jeff (1996) *Crimes of Style: Urban Graffiti and the Politics of Criminality,* Northeastern University Press.

Fischer, Claude S. (1975)"Toward a Subcultural Theory of Urbanism", *American Journal of Sociology*, 80-6.＝奥田道大・広田康生編訳（1983）「アーバニズムの下位文化理論に向けて」『都市の理論のために　現代都市社会学の再検討』多賀出版 50-94.

―― (1984) *The Urban Experience,* 2nd edition.＝松本康・前田尚子訳（1996）『都市的体験　都市生活の社会心理学』未来社

――(1995) "Toward a Subcultural Theory of Urbanism : A Twentieth-Year Assessment", *American Journal of Sociology*, 101-3, 543-577.

藤本哲也（2005）「欧米の都市犯罪研究と匿名化社会の犯罪の特徴についての一考察」『法學新報』112(1・2),569-596.

藤田正編（1996）『東京ヒップホップ・ガイド』太田出版
藤竹暁（1973）「都心空間とコミュニケーション」倉沢進編『社会学講座５都市社会学』東京大学出版会 105-126.
――（2004）『都市は他人の秘密を消費する』集英社新書
Hall, Stuart and Tony Jefferson [eds.] (1993) *Resistance through Rituals: Youth Subcultures in Post-war Britain*, Routledge.
浜井浩一・芹沢一也 (2006)『犯罪不安社会　誰もが「不審者」?』光文社新書
五十嵐太郎 (2004)『過防備都市』中公新書ラクレ
飯田豊・南後由和（2006）「メディア文化としてのグラフィティ　『Fine』から『KAZE MAGAZINE』へ」『SITE ZERO / ZERO SITE』0, 422-437.
Kelling, George L. and Catherine M. Coles (1996) *Fixing Broken Windows: Restoring Order and Reducing Crime in Our Communities*, ＝小宮信夫監訳（2004）『割れ窓理論による犯罪防止　コミュニティの安全をどう確保するか』文化書房博文社
北田暁大 (2002)『広告都市・東京　その誕生と死』廣済堂出版
Kittler, Friedrich A. [1988](1995)"Die Stadt ist ein Medium",＝長谷川章訳 (1998)「都市はメディアである」『10＋1』13,78-87.
小林茂雄（2002）「都市の街路に描かれる落書きの分布と特徴　渋谷駅周辺の建物シャッターに対する落書き被害から」『日本建築学会計画系論文集』560,59-64.
――（2003）「都市における落書きと周辺環境との適合性に関する研究　落書きが周辺景観に対して持つ否定的側面と肯定的側面」『日本建築学会環境系論文集』566,95-101.
近藤真里子 (2005)「東京をタグで埋めつくす　グラフィティライターたちに聞く」DeMusik Inter.編『音の力〈ストリート〉占拠編』インパクト出版会 167-183.
Lachmann, Richard (1988) "Graffiti as Career and Ideology", *American Journal of Sociology*, 94-2, 229-250.

松本康 (1990)「新しいアーバニズム論の可能性　パークからワースを超えて、フィッシャーへ」『名古屋大学社会学論集』11,77-106.
――(1996)「訳者解説　クロード・S・フィッシャーの『アーバニズムの下位文化理論』について」クロード・S・フィッシャー，松本康・前田尚子訳『都市的体験　都市生活の社会心理学』未来社 405-426.
Meyrowitz, Joshua (1985) *No Sense of Place: The Impact of Electronic Media on Social Behavior*,＝安川一・高山啓子ほか訳 (2003)『場所感の喪失　電子メディアが社会的行動に及ぼす影響』新曜社
見田宗介 (1979)『現代社会の社会意識』弘文堂
三浦展・南後由和・北田暁大 (2006)「若者文化・都市論の現在　〈ポスト80年代〉のストリート文化から都市再開発まで」『Rapt! 20 Contemporary Artists from Japan』国際交流基金 70-81.
森岡正博 (1993)『意識通信　ドリーム・ナヴィゲイターの誕生』筑摩書房
村上正浩・樋口康太郎 (2004)「落書きを誘発する物的環境要因に関する研究（その1）、（その2）」『日本建築学会大会学術講演梗概集』F-1,357-360.
永井良和 (1986)「都市の『匿名性』と逸脱行動　隠蔽と発見の可能性」『ソシオロジ』30-3,77-96.
難波功士 (1997)「『サブカルチャー』再考」『関西学院大学社会学部紀要』78, 71-84.
――(2003)「ユース・サブカルチャー研究における状況的パースペクティブ」『関西学院大学社会学部紀要』95, 107-121.
――(2006)「サブカルチャー概念の現状をめぐって」『関西学院大学社会学部紀要』101,　151-168.
南後由和 (2005)「動物化するグラフィティ／タトゥー　都市／身体の表面への偏執」『10+1』40,144-155.
南後由和・飯田豊 (2005)「首都圏におけるグラフィティ文化の諸相　グラフィティ・ライターのネットワークとステータス」『日本都市社会学会年報』23,109-124.
成実弘至 (2001)「サブカルチャー」吉見俊哉編『カルチュラル・スタディーズ』講談社選書メチエ 93-122.

小川博司 (1979)「非名・没名・無名　現代社会における匿名性の諸相」『ソシオロゴス』3, 82-97.
―― (1980)「匿名性と社会の存立　A・シュッツの匿名性の概念をめぐって」『社会学評論』123,17-30.
Park, Robert E. (1916)"The City: Suggestions for the Investigation of Human Behavior in the Urban Environment", *American Journal of Sociology* 20,577-612.＝笹森秀雄訳 (1978)「都市　都市環境における人間行動研究のための若干の示唆」鈴木広編『都市化の社会学〔増補〕』誠信書房 57-96.
酒井隆史 (2002)「タギングの奇蹟　アーレント・イン・アンダーグラウンド」『現代思想』30-6,52-71.
―― (2003)「スタイルと『民衆』」『現代思想』31-12, 96-104.
Schütz, Alfred [1932] (1974) *Der sinnhafte Aufbau der sozialen Welt: Eine Einleitung in der verstehende Soziologie*,＝佐藤嘉一訳 (1982)『社会的世界の意味構成』木鐸社
渋谷望 (2004)「〈帝国〉のアンダーグラウンド」伊藤守編『文化の実践、文化の研究　増殖するカルチュラル・スタディーズ』せりか書房 27.
Simmel, Georg (1903) "Die Großtädte und das Geistesleben", *Jahrbuch der Gehestiftung* IX.＝居安正訳 (1976)「大都市と精神生活」『ジンメル著作集12 橋と扉』白水社 269-285.
武田尚子 (2003)「落書き問題と地域社会の対応」『ソシオロジスト』5, 49-66.
Thornton, Sarah (1995) *Club Cultures: Media and Subcultural Capital*, Routledge.
富田英典 (2002)「都市空間とケータイ」岡田朋之・松田美佐編『ケータイ学入門　メディア・コミュニケーションから読み解く現代社会』有斐閣 50-68.
上野俊哉 (2005)『アーバン・トライバル・スタディーズ　パーティ、クラブ文化の社会学』月曜社
若林幹夫 (2002)「『情報都市』は存在するか?」西垣通／NTTデータ・システム科学研究所編『情報都市論』NTT出版 225-262.
Whyte, William Foote [1943](1993) , *Street Corner Society : the Social Structure of an Italian Slum*,＝奥田道大・有里典三訳

（2000）『ストリート・コーナー・ソサエティ』有斐閣
Wirth, Louis (1938)"Urbanism as a Way of Life", *American Journal of Sociology* 44-1,1-24.＝高橋勇悦訳(1978)「生活様式としてのアーバニズム」鈴木広編『都市化の社会学〔増補〕』誠信書房 127-147.
山嵜哲哉（1999）「もう一つの社会空間　匿名的親密性という視点から」『情況』第二期 10-12, 233-256.
米川茂信（1987）「匿名社会の暴力非行」『犯罪と非行』71,143-172.
吉見俊哉（1987）『都市のドラマトゥルギー　東京・盛り場の社会史』弘文堂

執筆者紹介

飯田豊（いいだ・ゆたか）1979年生まれ。東京大学大学院学際情報学府博士課程、日本学術振興会特別研究員。専門はメディア論、メディア史。

伊佐 栄二郎（いさ・えいじろう）東京大学大学院学際情報学府博士課程、日本学術振興会特別研究員。専門は社会学。

石川幸太郎（いしかわ・こうたろう）1972年生まれ。現在、広告会社勤務。専門はメディア研究、マーケティング・コミュニケーション研究。

石原宏哉（いしはら・こうすけ）1981年生まれ。東京大学大学院学際情報学府修士課程修了。

伊藤昌亮（いとう・まさあき）1961年生まれ。東京大学大学院学際情報学府博士課程、ソフトバンククリエイティブ株式会社書籍編集部編集長。専門はメディア論、情報社会学。

上村晴彦（うえむら・はるひこ）1972年生まれ。専門は衣服論、身体論、生態心理学。

河島茂生（かわしま・しげお）1977年生まれ。東京大学大学院学際情報学府博士課程。専門は情報学、メディア研究、図書館情報学。

権旻娥（くぉん・みな）1977年生まれ。東京大学大学院学際情報学府博士課程。専門は文化産業、ポピュラー音楽。

佐藤清子（さとう・せいこ）1982年生まれ。東京大学大学院人文社会系研究科基礎文化研究専攻博士課程。

周東美材（しゅうとう・よしき）1980年生まれ。東京大学大学院学際情報学府博士課程、日本学術振興会特別研究員。専門は歴史社会学、ポピュラー音楽研究。

高山真（たかやま・まこと）1979年生まれ。東京大学大学院学際情報学府修士課程。専門は記憶研究、フィールドワーク論、オーラル・ヒストリー研究。

寺師正俊（てらし・まさとし）1982年生まれ。東京大学大学院学際情報学府修士課程修了。現在、某メーカーの広報担当。専門は社会学、メディア研究。

鳥海希世子（とりうみ・きよこ）1981年生まれ。東京大学大学院学際情報学府博士課程。専門はメディア論。

中路武士（なかじ・たけし）1981年生まれ。東京大学大学院学際情報学府博士課程、早稲田大学演劇研究センター特別研究生。専門は映画・視覚文化論、表象・メディア論。

南後由和（なんご・よしかず）1979年生まれ。東京大学大学院学際情報学府博士課程、日本学術振興会特別研究員。専門は社会学、都市・建築論。

新倉貴仁（にいくら・たかひと）1978年生まれ。東京大学大学院学際情報学府博士課程。専門はナショナリズム研究。

三浦伸也（みうら・しんや）1961年生まれ。東京大学大学院学際情報学府博士課程、社団法人川崎地方自治研究センター研究員、独立行政法人防災科学技術研究所客員研究員。専門は社会学、社会情報学。

編者略歴

吉見俊哉（よしみ　しゅんや）
1957年生まれ。東京大学大学院情報学環教授。専攻は社会学、文化研究。著書に、『博覧会の政治学』（中公新書）、『メディア時代の文化社会学』（新曜社）、『カルチュラル・スタディーズ』（岩波書店）、『カルチュラル・ターン』（人文書院）、『メディア文化論』（有斐閣アルマ）、『万博幻想』（ちくま新書）など。

北田暁大（きただ　あきひろ）
1971年生まれ。東京大学大学院情報学環助教授。専攻は理論社会学、メディア史。著書に、『広告の誕生』（岩波書店）、『広告都市・東京』（廣済堂ライブラリー）、『責任と正義』（勁草書房）、『意味への抗い』（せりか書房）、『嗤う日本の「ナショナリズム」』（ＮＨＫブックス）、『東京から考える』（共著、ＮＨＫブックス）など。

路上のエスノグラフィ――ちんどん屋からグラフィティまで

2007年4月2日　第1刷発行

編　者　吉見俊哉・北田暁大
発行者　船橋純一郎
発行所　株式会社せりか書房
東京都千代田区猿楽町1-3-11　大津ビル1F
電話 03-3291-4676　振替 00150-6-143601　http://www.serica.co.jp
印　刷　信毎書籍印刷株式会社
装　幀　加島　卓

ISBN978-4-7967-0277-5